देवी-देवताओं के रहस्य

(हिंदू कलेंडर कला में)

देवी-देवताओं के रहस्य

(हिंदू कलेंडर कला में)

देवदत्त पटनायक

प्रभात
पेपरबैक्स
www.prabhatbooks.com

प्रकाशक

प्रभात पेपरबैक्स

4/19 आसफ अली रोड, नई दिल्ली–110002

फोन : 23289555 • 23289666 • 23289777 ❖ फैक्स : 23253233

इ–मेल : prabhatbooks@gmail.com ❖ वेब ठिकाना : www.prabhatbooks.com

संस्करण

2019

आवरण चित्र

धैवत छाया

मूल्य

दो सौ रुपए

अ.मा.पु.स. 978-93-5048-789-1

मुद्रक

नरुला प्रिंटर्स, दिल्ली

★

DEVI-DEVATAON KE RAHASYA

by Devdutt Pattnaik

Published by **PRABHAT PAPERBACKS**
4/19 Asaf Ali Road, New Delhi-10002
by arrangement with Westland Ltd.

ISBN 978-93-5048-789-1

₹ 200.00

उन सैकड़ों कलाकारों और
मुद्रकों को ससम्मान समर्पित,
जिन्होंने कलेंडर आर्ट तक आम लोगों की
पहुँच को सुगम बनाया।

लेखकीय

इस पुस्तक की आकृतियाँ सड़कों के किनारे और मंदिरों के बाहर हिंदू देवताओं की तसवीरें बेचनेवाले लोगों से ली गई हैं। कला के इतिहासकारों ने बताया है कि किस तरह राजा रवि वर्मा जैसे कलाकारों और उन्नीसवीं सदी की मुद्रण टेक्नोलॉजी ने इन तसवीरों को पूरे भारत के हिंदुओं के लिए सुलभ बनाया और किस तरह आम आदमी के मानस में ये तसवीरें बैठ गईं। हाल के समय में हिंदू देवी-देवताओं की सुंदर तसवीरों ने विदेशी पर्यटकों का भी ध्यान अपनी ओर आकर्षित किया है। फैशन गुरुओं ने उन्हें परिधानों और उप-साधनों में शामिल कर कैटवॉक के मंच पर उनका इस्तेमाल किया है, ताकि उपभोक्ताओं, संग्रहकर्ताओं और मीडिया को रिझाया जा सके। लेकिन शायद ही किसी ने इन तसवीरों के बारे में कभी विचार किया है। उन्होंने कभी नहीं सोचा कि इन तसवीरों की कल्पना कहाँ से आती है? ये तसवीरें क्या कह रही हैं? और अज्ञानता या मासूमियत में पवित्र कला ने फंतासी आर्ट का रूप ले लिया है। कुछ लोग जब इस पवित्र कला का इस्तेमाल किसी और इरादे से करते हैं तो अन्य लोगों को नागवार गुजरता है।

हिंदू देवी-देवताओं की 'शानदार' तसवीरों की जब व्याख्या करने की कोशिश की जाती है तो वह या तो रक्षात्मक या खेद-सूचक या फिर उग्र राष्ट्रीयतावादी होती है। तसवीरों की विषय-वस्तु को वैध ठहराने के लिए तरह-तरह के तर्क दिए जाते हैं या अन्य धर्मों से उनकी तुलना की जाती है। आस्था कभी वैज्ञानिक नहीं हो सकती और 'पाप' तथा 'पैगंबर' जैसे शब्द हिंदुओं की विश्व-दृष्टि को समझने में मदद नहीं करते।

हिंदू आर्ट को समझने के लिए व्यक्ति को एक नए प्रतिमान, चीजों की व्याख्या की नई शैली की मदद लेनी होगी। उसे संपूर्णता और संभावना की नई धारणा खोजनी होगी, जो ग्रीक, बाइबिल या पश्चिम के चिर-परिचित और लोकप्रिय विश्व-दृष्टिकोण से भिन्न हो। इसीलिए इस पुस्तक में पाठकों के सामने एक नए प्रतिमान को पेश करने की कोशिश की गई है।

पुस्तक में जान-बूझकर श्याम-श्वेत तसवीरों का इस्तेमाल किया गया है, ताकि रंग पाठकों को विषय-वस्तु से न भटकाएँ। तसवीरों की गुणवत्ता पर अधिक ध्यान नहीं दिया गया है, क्योंकि पुस्तक का उद्देश्य आकृतियों के सौंदर्य के बारे में बताना नहीं है, बल्कि हमारे पूर्वजों द्वारा रचित अनूठे दृश्यकोश का रहस्य खोलना है। मैं पुस्तक में हर कलाकार और मुद्रक की सूची देना पसंद करता, लेकिन उनके बारे में पता लगाना असंभव था। इसकी वजह यह है कि ये आकृतियाँ न केवल जन-रचित हैं, बल्कि विभिन्न कलाकारों ने थोड़े-बहुत परिवर्तन के साथ इन्हें निरंतर लोगों के सामने प्रस्तुत किया है। ऐसा प्राय: देखा गया है कि एक ही आकृति को विभिन्न मुद्रकों ने प्रकाशित किया।

और अंत में, सभी हिंदू चीजों की तरह पुस्तक में दी गई व्याख्या इस कला को देखने का महज एक तरीका है। इस पुस्तक को यह ध्यान में रखते हुए पढ़ें—

अनंत मिथकों में शाश्वत सत्य छिपा है
लेकिन उसे कौन देख सकता है?
वरुण की हजार आँखें हैं
इंद्र की एक सौ हैं।
और मेरी केवल दो हैं।

आभार

इस पुस्तक को लिखने में मदद करनेवाले निम्नलिखित सहित मैं सभी लोगों का आभारी हूँ—

- धैवत छाया, जिन्होंने इसे व्यक्तिगत काम समझकर लेआउट तैयार किया।
- राहुल सुंदर, जिन्होंने तसवीरों को खोजने में मेरी मदद की।
- डॉ. सतीश रेड्डी, चेन्नई, जिन्होंने तसवीरों का उद्‍गम खोजने में हमारी मदद की।
- जनार्दन सतोसे, जिन्होंने तसवीरों को अच्छी तरह स्कैन किया।
- मेरी संपादक दीप्ति तलवार, जिन्होंने मुझे इस पुस्तक को लिखने का अवसर दिया और पूरी रचनात्मक स्वतंत्रता दी।

अनुक्रमणिका

1. गणेश का रहस्य

लोग भगवान् को अपने-अपने नजरिए से देखते हैं

आकृति 1.1 शिव का परिवार

आकृति 1.1 में परिवार दिखाया गया है : पिता, माता तथा दो पुत्र; परंतु यह कोई सामान्य चित्र नहीं है। यह भगवान् शिव के परिवार का चित्र है। ये पर्वत पर अपनी पत्नी (हिमालय पुत्री) पार्वतीजी तथा अपने दो पुत्रों—गणेश अर्थात् गजानन एवं भालाधारी कार्तिकेयजी के साथ विराजमान हैं।

हिंदू धर्म या हिंदुत्व से अपरिचित व्यक्ति के लिए यह चित्र अजीब हो सकता है। किसी के बालों से नदी कैसे प्रवाहित हो सकती है? किसी के हाथी का सिर तथा चार हाथ कैसे हो सकते हैं? कोई मोर पर सवार कैसे हो सकता है? इनसे ईश्वर का प्रतिपादन कैसे हो सकता है? भला इतने सारे भगवान् कैसे हो सकते हैं?

परंतु हिंदू इन धारणाओं को सहज रूप में लेते हैं, क्योंकि ये इन्हीं चित्रों व मूर्तियों को देखकर पलते-बढ़ते हैं। इन्हें समझने के लिए उन्हें तर्क का सहारा नहीं लेना पड़ता। ये विचार पीढ़ी-दर-पीढ़ी चले आ रहे हैं। इनके जरिए हिंदू देवत्व की धारणा से परिचित होते हैं। हिंदू धर्म में देवत्व की धारणा अद्भुत है। इसलाम से भिन्न, यह साकार है। यह वनस्पति जगत् से पशुजगत् तथा मानव जगत् तक फैली है। ईसाई धर्म से भिन्न, यह एक ही विचार या मत में नहीं सिमटी है, यहाँ अनेक देवी-देवता हैं। ये सभी ईश्वर के अलग-अलग अंश या रूप हैं।

इस धारणा या विश्वास को इस कहानी से अधिक स्पष्ट किया जा सकता है—एक दिन जब शिव परिवार एक साथ बैठा था, वहाँ मुनिवर नारदजी आए, ये जहाँ भी जाते थे, वही कुछ-न-कुछ परेशानी खड़ी कर देते थे।

नारदजी ने कहा, ''आपके श्रेष्ठतर पुत्र के लिए मेरे पास एक आम है।''

भगवान् शिव ने अपनी पत्नी पार्वतीजी की ओर मुड़कर कहा, ''मैं यह फैसला कैसे करूँगा?''

''आइए, प्रतियोगिता का आयोजन करते हैं।''

पार्वतीजी ने कहा, ''यह आम उसे मिलेगा, जो तीन बार विश्व की परिक्रमा करके पहले लौटेगा।''

आकृति 1.2 कार्तिकेय

आकृति 1.3 परिक्रमा

"ऐसा ही करते हैं!" भगवान् शिव ने कहा।

आकृति 1.2 में दिखाया गया है, कार्तिकेय तत्काल मोर पर सवार होकर आकाश की ओर बढ़ने लगे। उन्होंने संकल्प लिया कि वे विश्व की सबसे पहले परिक्रमा तीन पूरी कर लेंगे। लेकिन गणेशजी हिले तक नहीं। वे अपने माता-पिता के साथ बैठे रहे और चूहे से खेलते रहे। कार्तिकेय ने विश्व की एक परिक्रमा लगाई, फिर दूसरी और आश्चर्य! गणेशजी क्या करते रहे? गणेशजी टस-से-मस नहीं हुए। जब कार्तिकेयजी तीसरा और अंतिम चक्कर पूरा करने जा रहे थे, गणेशजी खड़े हो गए और चित्र 1.3 में दरशाए अनुसार अपने माँ-बाप के तीन चक्कर लगाए और घोषित कर दिया, "मैं जीत गया हूँ।"

"आप कैसे जीत गए?" कार्तिकेयजी ने कहा, "मैंने विश्व की तीन बार परिक्रमा की है। आपने तो माता-पिता की ही प्रदक्षिणा ली है।"

"यह सत्य नहीं है। आपने विश्व का चक्कर लगाया। मैंने अपने विश्व का चक्कर लगाया। बताएँ—कौन सा विश्व, जगत् महत्त्वपूर्ण या सारगर्भित है?"

यह विश्व विषयपरक है, मेरा विश्व आत्मगत है। यह जगत् तार्किक और वैज्ञानिक है। मेरा जगत् भावनात्मक एवं अंतर्दर्शी है। यह विश्व गोल है, विशाल है, मेरा विश्व सीमित है। दोनों ही सत्य हैं, परंतु गणेशजी पूछते हैं, "किसका महत्त्व अधिक है?"

प्रत्येक संस्कृति में जगत् अलग-अलग रूपों में देखा जाता है। कुछ के लिए यहाँ निराकार देवत्व है, कुछ के लिए साकार रूप में देवत्व है। सही कौन है? कुछ की दृष्टि में केवल एक बार जन्म होता है, पुनर्जन्म नहीं होता। जबकि अन्य पक्ष मानता है कि जीव बार-बार जन्म लेता है। सही कौन है? इन प्रश्नों के सार्वभौमिक उत्तर नहीं होते। ये उत्तर संस्कृति सापेक्ष हैं। इनसे विश्वास उत्पन्न होता है। विश्वास व्यवहार का आधार है। इनके आधार पर न तो कोई कम सहिष्णु होता है, न ही अधिक सुनम्य! इसीलिए मेरा जगत् ही अधिक महत्त्वपूर्ण व सारगर्भित है!

मिथ एक विचार है, जो मेरी दुनिया में मंथन से निकला है—पौराणिक कथाओं, प्रतीकों और कर्मकांडों का एक सेट है, जो मिथ को संप्रेषित करता है।

आकृति 1.4 देवी-देवताओं के विभिन्न रूप

विचारों की तरह कथाएँ, प्रतीक और कर्मकांड बाहरी व्यक्ति के लिए बेतुके लग सकते हैं, लेकिन आस्था रखनेवाला व्यक्ति उनका संपूर्ण भाव समझ सकता है। आकृति 1.1 इसका उदाहरण है। इस पुस्तक में दी गई अन्य आकृतियों को भी उदाहरण के रूप में लिया जा सकता है। इनमें से हर आकृति हिंदुओं के मन में एक स्पष्ट भाव उत्पन्न करती है; लेकिन जो लोग हिंदू नहीं हैं, वे इस भाव को नहीं समझ सकते; और न ही उन्हें तर्कसंगत तरीके से समझाने की कोशिश की जाती है। यही वजह है कि गैर-हिंदू यह नहीं समझ पाते हैं कि नदियाँ शिव की जटा से क्यों फूटती हैं और उनके पुत्र के धड़ पर हाथी का सिर क्यों है। इसलिए, इस तरह के विषय के प्रति परानुभूति का दृष्टिकोण अपनाना चाहिए और उत्सुकता से उसका अध्ययन करना चाहिए। साथ ही, यह ध्यान में रखना चाहिए कि इस तरह की चीजें किसी संस्कृति की आत्मा की खिड़की होती हैं।

आधुनिक युग में मनुष्य में परानुभूति का बेहद अभाव दिखता है। हर चीज को कसौटी पर कसा जाता है, हर चीज की नाप-जोख की जाती है। विचारों को मान्यता तभी दी जाती है जब वे तथ्यों एवं सबूतों और गणित एवं विज्ञान की कसौटी पर खरे उतरते हैं; लेकिन जीवन में ऐसी कई चीजें हैं, जिनकी व्याख्या तर्कों के आधार पर नहीं की जा सकती। कम-से-कम जीवन, मृत्यु और ईश्वर के मामले में तो बिलकुल नहीं। मृत्यु के बाद क्या होता है, कौन जानता है? विभिन्न संस्कृतियों में इस प्रश्न के विभिन्न उत्तर दिए गए हैं। हर उत्तर एक विषय सापेक्ष सच्चाई है, इसलिए हर उत्तर एक मिथ, एक कहानी, एक आस्था है।

शिव भगवान् हैं, लेकिन वे अकेले भगवान् नहीं हैं। वे कई भगवानों में एक भगवान् हैं। हिंदू जगत् में यह चीज अपने आप में अनूठी है कि ईश्वर एक नहीं है; उसका एकल अस्तित्व नहीं है। उसका पुरुषवत् अस्तित्व भी नहीं है। जैसाकि आकृति 1.4 में दिखाया गया है, शिव की पत्नी पार्वती देवी हैं, जिनका दर्जा उनके पति के बराबर है। गणेश और कार्तिकेय दोनों देवता हैं, जिनका दर्जा शिव और पार्वती से नीचे है। गणेश बाधाओं को दूर करते हैं और

आकृति 1.5 शुक को आशीर्वाद देते

कार्तिकेय असुरों के खिलाफ लड़ाई में देवताओं का नेतृत्व करते हैं; लेकिन जब शिव अपने नेत्र बंद कर लेते हैं तो पूरी सृष्टि नष्ट हो जाती है। इसीलिए शिव को संहारकर्ता कहा जाता है और उन्हें भगवान् माना जाता है। पार्वती को इसलिए देवी माना जाता है, क्योंकि उनमें भय से लेकर प्रेम, प्रभुत्व से लेकर करुणा तक—सभी तरह के भाव अंतर्निहित हैं। दूसरी तरफ, शिव की जटा से निकलनेवाली गंगा कमतर हैसियत की देवी हैं। उनका देवत्व उस नदी तक सीमित है, जिसका वे प्रतिनिधित्व करती हैं।

दरअसल, देवत्व आकारहीन होता है; लेकिन इसे समझने के लिए हम मनुष्यों को आकार की जरूरत पड़ती है। हर आकार अधूरा होता है, यह उसकी प्रकृति है। कोई भी एक आकृति अपने आप में संपूर्ण नहीं हो सकती; लेकिन भगवानों और देवी-देवताओं की समस्त अधूरी आकृतियों के माध्यम से हम कम-से-कम देवत्व की अवधारणा को समझ सकते हैं।

लेकिन चीजें इतनी आसान नहीं हैं। जिस मंदिर में शिव या पार्वती के बिना गणेश की विशिष्ट रूप से पूजा की जाती हो या कार्तिकेय अकेले प्रतिष्ठापित हों, वहाँ देवता भगवान् बन जाते हैं, यानी असीम देवत्व सीमित हो जाता है।

आकृतियों के जरिए सभी संस्कृतियों ने अपने-अपने यथार्थ को व्यक्त किया है। आकृति 1.5 को गौर से देखिए। इसमें चार सिरोंवाला एक व्यक्ति एक पुस्तक लिये हुए है और तोते के सिरवाले एक ऋषि को आशीर्वाद दे रहा है। चार सिरोंवाला व्यक्ति ब्रह्मा हैं, जिनके मुँह से पहली बार वेद निकला और ऋषियों ने उसे सुनकर मानव जाति तक पहुँचाया। वेद स्तोत्रों का संकलन है और हिंदू प्रज्ञा के स्रोत के रूप में काम करता है। इन स्तोत्रों को कालातीत और सार्वभौम कहा जाता है। चूँकि ये स्तोत्र ब्रह्मा के मुँह से निकले हैं, इसलिए इन्हें ईश्वरीय ज्ञान कहा जाता है। कहा जाता है कि एक बार भयानक सूखा पड़ा और ऋषि स्तोत्रों को भूल गए। भाग्यवश से व्यास नाम के एक ऋषि ने उनका फिर से संकलन किया। तोते के सिरवाले ऋषि शुक हैं। वे व्यास के पुत्र हैं। उन्होंने ही सारा वैदिक ज्ञान हम तक पहुँचाया है।

आकृति 1.6 एक सिद्ध पुरुष

आकृति 1.5 में ब्रह्मा और शुक ऋषि के बीच प्रतीकात्मक संवाद दिखाया गया है। ब्रह्मा पुरुष हैं, लेकिन उनके साथ कोई नारी नहीं है, इसलिए वे अधूरे हैं। उनके इस अधूरेपन का अर्थ यह है कि उनके साथ कोई नारी है, लेकिन वह नारी है कहाँ? वह नारी एक अगोचर धारणा है, जो इस आकृति को वैध और संपूर्ण बनाती है। वह निराकार प्रज्ञा है, जो ब्रह्मा से शुक में संचारित हो रही है। उसे सरस्वती कहते हैं। सरस्वती देवी हैं, जिन्हें कभी-कभी वेद-माता के नाम से संबोधित किया जाता है। ब्रह्मा ने वेदों की रचना नहीं की। कोई भी पुरुष नारी के बिना किसी चीज की रचना नहीं कर सकता, यहाँ तक कि भगवान् भी नहीं। कुछ लोग कहते हैं कि सरस्वती ने ब्रह्मा को वेदों की रचना के लिए प्रेरित किया। कुछ अन्य लोगों का कहना है कि ब्रह्मा ने सरस्वती के मुँह से वेद सुना। इनमें से चाहे जो भी सही हो, लेकिन सच्चाई यह है कि वेद अस्तित्व में आया और ब्रह्मा ने उसे केवल संचारित किया।

ब्रह्मा के चार सिर वेद के चार ज्ञान का प्रतिनिधित्व करते हैं। ये चार ज्ञान जीवन के चार लक्ष्य हैं—धर्म, अर्थ, काम और मोक्ष। जिस तरह से ब्रह्मा चारों सिरों के बिना अधूरे हैं, ठीक उसी तरह से जीवन इनमें से किसी भी लक्ष्य के बिना अपूर्ण है।

शुक का अर्थ तोता होता है। शुक का तोते जैसा सिर यह दरशाता है कि वेद का संचार बिना किसी हेर-फेर के किया जा रहा है, इसलिए वह त्रुटिहीन, असंपादित और क्षेपक-रहित है। इस तरह पौराणिक आकृति लोगों के दैवी ज्ञान के स्रोत और उस ज्ञान के संचार से संबंधित उनकी आस्था को दरशाती है।

आकृति 1.6 में एक संन्यासी को दरशाया गया है, जिसने अपने मस्तिष्क और अपनी ज्ञानेंद्रियों पर पूर्ण रूप से विजय प्राप्त कर ली है। दुनिया पर प्रभुत्व स्थापित करने की इस संन्यासी की कोई इच्छा नहीं है। वह सभी मानवीय सीमाओं से परे है। जब ऐसा होता है तो अजीब चीजें घटती हैं—सारे टकराव खत्म हो जाते हैं। दूसरे धर्मों के साथ कोई तनाव नहीं होता। बकरी, गाय और शेर एक घाट पर पानी पीते हैं। सर्प, जिन्हें लोक-साहित्य में खजाने का रक्षक कहा गया है, अपने धन को खुले हाथ से बाँटते हैं। दूसरे शब्दों में, प्रकृति और

गाँव के विशिष्ट संरक्षक खंडोबा, जो हाथ में तलवार लिये हुए सफेद घोड़े पर सवार हैं
खंडोबा की योद्धा पत्नी म्हाल्सा गाँव की देवी हैं
खलनायकों को आमतौर पर मूँछों के साथ दिखाया जाता है, जो उनके पौरुष का प्रतीक हैं
श्वान को हिंदू धर्म में अशुभ लेकिन लोक-परंपरा में शुभ माना जाता है
बीसवीं सदी के शुरू से नस्लीय सिद्धांत से प्रभावित कलाकारों ने खलनायकों को काले रंग में पेश करना शुरू कर दिया

आकृति 1.7 खंडोबा

संस्कृति का नकारात्मक पक्ष खत्म हो जाता है। वहाँ केवल शांति और सौहार्द होता है, भय और अभाव गायब हो जाता है। यही स्वर्ग है, यही आदर्श दुनिया है। जो व्यक्ति धरती को स्वर्ग में बदल देता है, हिंदू उसे पूजनीय मानते हैं। ऐसा व्यक्ति केवल संत नहीं होता, बल्कि उसे कभी-कभी धरती पर भगवान् का अवतार माना जाता है।

आकृति 1.7 भगवान् के एक स्थानीय अवतार को दरशाती है। इस अवतार को 'खंडोबा' कहते हैं, जिनकी महाराष्ट्र में बहुत श्रद्धा से पूजा की जाती है। वे घोड़े पर सवार हैं और उनके साथ उनकी पहली पत्नी म्हाल्सा बैठी हैं। म्हाल्सा एक व्यापारी की बेटी हैं। वे दोनों दो असुरों—मणि और मल्ल से लड़ रहे हैं। संस्कृत के ग्रंथों में खंडोबा को शिव का भीषण रूप 'मार्तंड भैरव' बताया गया है। दक्कन क्षेत्र में मार्तंड भैरव को जमीन का क्षेत्रपाल, यानी रक्षक माना जाता है। रक्षक के रूप में वे असुरों से लड़ते हैं। मणि जैसे कुछ असुर, जो पश्चात्ताप करना चाहते हैं, मंदिर परिसर में देवता के रूप में पूजे जाते हैं; लेकिन मल्ल जैसे असुर, जिनके चित्र मंदिर की सीढ़ियों पर बने हुए हैं, अभी भी दंडित किए जाते हैं। भक्त उन्हें कुचलते हुए मंदिर में जाते हैं और खंडोबा की पूजा करते हैं।

खंडोबा को हल्दी पसंद है। उनका मंदिर, उनके भक्त और उनकी मूर्तियाँ हल्दी से आच्छादित रहती हैं। हल्दी ऐंटीसेप्टिक होती है। हालाँकि खंडोबा को हल्दी बहुत पसंद है, लेकिन उनका महिमागान रक्षक के रूप में किया जाता है। हल्दी का चटकीला पीला रंग सोने का प्रतीक है, इसलिए खंडोबा को समृद्धि का देवता भी माना जाता है। वे काम के भी देवता हैं, जिनकी कृपा से संतान उत्पन्न होती हैं। उनकी कई पत्नियाँ हैं—पहली पत्नी म्हाल्सा व्यापारी समुदाय की है; दूसरी पत्नी बनै गड़ेरिया समुदाय से आती है। अन्य पत्नियों में एक दर्जी समुदाय की है, एक तेली समुदाय की है और एक माली समुदाय की है।

उनके विवाहों की कहानी एक ग्राम देवता के माध्यम से विभिन्न समुदायों को आपस में जोड़ती है। इस तरह खंडोबा के जरिए आपस में जुड़े होने के बावजूद हर समुदाय का अपना अस्तित्व बना रहता है। वे अपना अस्तित्व

आकृति 1.8 पृथ्वी पर भगवान् के अवतार तिरुपति बालाजी अपनी पत्नियों और द्वारपालों के साथ, जैसाकि आंध्र प्रदेश में कल्पना की गई है

बचाए रखने के लिए एक-दूसरे का साथ देते हैं। गाँव ने अपने देवता खंडोबा को अखिल हिंदू देवता शिव से जोड़ दिया है। इस तरह गाँव बृहत्तर हिंदू समुदाय का अंग बन गया है। गाँव अनूठा है, इसके बावजूद वह एक बड़े समुदाय का हिस्सा है। उसका स्थानीय देवता ईश्वर का स्थानीय प्रतीक है।

इस तरह, खंडोबा की कथा श्रद्धालुओं की आस्था प्रदर्शित करती है। वे एक ऐसा देवता चाहते हैं, जो उनकी स्थानीय जरूरतों को पूरा करे, उनकी रक्षा करे। वे वैश्विक हिंदू पहचान से जुड़कर अपने स्थानीय परिवार और गाँव की पहचान को भी बनाए रखना चाहते हैं। इस तरह उनके पास एक ऐसा देवता है, जो देवता और ईश्वर दोनों है।

आकृति 1.8 एक दूसरे अखिल हिंदू ईश्वर विष्णु से हमारा परिचय कराती है। वे पूरी तरह से शिव के विपरीत हैं। जहाँ शिव बर्फ से आच्छादित पर्वत पर ध्यानमग्न मुद्रा में रहते हैं, वहीं विष्णु क्षीर सागर में तैरनेवाले नाग पर महाराजा की तरह लेटे रहते हैं। विष्णु के चरणों के पास उनकी दो पत्नियाँ श्री और भू खड़ी रहती हैं। श्री धन की देवी हैं और भू धरती की। आकृति का नीचे का आधा हिस्सा विष्णु की स्थानीय अभिव्यक्ति है। ये तिरुपति बालाजी हैं, जिनका मंदिर आंध्र प्रदेश में है।

कहानी कुछ इस तरह है—एक बार विष्णु और उनकी पत्नी श्री में झगड़ा हो गया और वे कहीं चली गईं। श्री को खोजते हुए विष्णु क्षीर सागर से धरती पर आ गए, जहाँ उनका प्रेम राजकुमारी पद्मावती से हो गया। पद्मावती के पिता सात पहाड़ों की तलहटी में बसे एक देश पर शासन करते थे। खंडोबा की तरह, जो धरती पर कई महिलाओं को दिल दे बैठे थे, विष्णु ने भी पद्मावती से प्रणय निवेदन करने का फैसला कर लिया। विष्णु के कई बार प्रणय निवेदन करने के बाद आखिरकार पद्मावती उनसे विवाह करने के लिए सहमत हो गईं, लेकिन उन्होंने बदले में भारी दहेज माँगा। दहेज देने के लिए विष्णु ने देवी श्री के कोषाध्यक्ष कुबेर से भारी ऋण लिया। जब तक वे ऋण में थे, पद्मावती या श्री के साथ अपने महल में नहीं लौट सकते थे। इसलिए वे तिरुपति बालाजी के रूप में सात पर्वतों के ऊपर रहे। ऋण चुकाने में उनकी मदद करने के लिए

आकृति 1.9 चामुंडा और चोटीला

श्रद्धालुओं ने उन्हें बड़ी मात्रा में धन देने की पेशकश की। विष्णु ने आभार व्यक्त करते हुए उन्हें धन-धान्य से परिपूर्ण होने का आशीर्वाद दिया।

आकृति 1.9 में दिखाई गई देवियाँ गुजरात की हैं, जिन्हें चामुंडा और चोटीला के नाम से जाना जाता है। उनकी लाल और हरी साड़ियाँ, उनके त्रिशूल, उनका शेर और पहाड़ के ऊपर उनका आवास यह दरशाता है कि वे अखिल हिंदू देवी शक्ति, जिन्हें पार्वती के रूप में भी जाना जाता है, के स्थानीय रूप हैं। पार्वती पर्वतराज की पुत्री थीं और उनका विवाह शिव से हुआ था। हालाँकि चामुंडा और चोटीला स्थानीय स्तर पर ही जानी जाती हैं, लेकिन उनके जरिए श्रद्धालु बृहत्तर हिंदू समुदाय के अंग बन गए हैं। इस बात को कोई नहीं जानता कि ये दोनों आकृति में जुड़वाँ रूप में क्यों दिखती हैं। कुछ लोगों का कहना है कि चोटीला चामुंडा की बहन हैं। अन्य लोगों का कहना है कि वे चामुंडा की सहेली हैं। शक्ति ने दो असुरों चंड और मुंड को मारने के लिए दो रूप धारण किए थे। ये दोनों देवियाँ संभवत: उन्हीं रूपों की प्रतीक हैं और असुरों के मारे जाने के बाद उनका नाम चंडी और चामुंडी पड़ गया। हो सकता है कि चंड और मुंड को मारनेवाली चामुंडा वैश्विक देवी हों और पर्वत की चोटी पर रहनेवाली चोटीला स्थानीय देवी हों। आकृति 1.7 और 1.8 के विपरीत चंडी और चामुंडी के साथ उनके पति नहीं हैं, क्योंकि विवाह घरेलू परंपरा मानी जाती है। ये दोनों देवियाँ योद्धा हैं और उनकी युद्ध क्षमता उनका ध्यान विवाह या मातृत्व की तरफ नहीं जाने देती।

आकृति 1.6 में दिखाए गए संन्यासी के साथ जो कुछ हो रहा है, उससे निष्कर्ष निकालते हुए कुछ विद्वानों का कहना है कि खंडोबा जैसे गाँव के देवता स्थानीय नायक थे, जिन्हें देवता के रूप में प्रतिष्ठित कर दिया गया। बालाजी शायद बुद्धिमान अजनबी थे, जिन्होंने एक स्थानीय स्त्री से विवाह किया और सात पहाड़ों के इर्द-गिर्द बसे समुदाय का कायापलट कर दिया। हो सकता है कि दोनों देवियाँ दो सामान्य महिलाएँ या बहनें या सखी रही हों, जिन्होंने अपनी युद्ध कला से गाँववालों की प्रशंसा हासिल की। इस तरह के निष्कर्ष के जरिए दरअसल एक धार्मिक रीति-रिवाज को तर्कसंगत बनाने की कोशिश की गई है।

आकृति 1.10 कवि-संत अंडाल

आस्था पर इसका शायद ही कोई प्रभाव पड़ा है।

आकृति 1.10 में निश्चित रूप से एक ऐतिहासिक महिला का चित्र बना हुआ है, जिसे लोगों ने देवी बना दिया था। वे बारहवीं सदी की तमिल कवयित्री-संत अंडाल हैं, जो गोदई के रूप में भी जानी जाती हैं। गोदई का अर्थ है—'जिसे गाय ने दिया है।' अंडाल का नाम 'गोदई' इसलिए पड़ा, क्योंकि वे शिशु के रूप में चरती हुई गायों के बीच पाई गई थीं। उनका पालन-पोषण मंदिर के एक संतानहीन पुजारी ने किया। अंडाल बड़ी होने पर अपने पिता के मंदिर के देवता के प्रेम में पड़ गईं। वे देवता पर चढ़ाए जानेवाले फूलों की माला बनाकर अपने गले में डाल लेती थीं, फिर उसे देवता पर चढ़ा देती थीं। इससे मंदिर के दूसरे पुजारी बहुत नाराज हुए। उनका मानना था कि अंडाल फूलों को छूकर अपवित्र कर देती है। फिर एक दिन देवता ने उन पुजारियों से सपने में कहा कि वे उन छुए हुए फूलों को बहुत पसंद करते हैं, क्योंकि अंडाल उनसे सचमुच प्रेम करती हैं। अंडाल को अंततः मंदिर के देवता की पत्नी माना जाने लगा और बाद में उन्हें देवी के रूप में प्रतिष्ठित कर दिया गया। आकृति में उनके केवल दो हाथ हैं, जिसका अर्थ यह है कि वे मनुष्य हैं। उनके हाथ में एक तोता और कमल का एक फूल है, जो इस बात का संकेत है कि वे प्रेम की देवी हैं। तोता और कमल दोनों ही कामदेव से संबद्ध हैं।

देवी-देवताओं से मनुष्यों की शादी की धारणा के कारण मध्यकाल में देवदासी प्रथा का जन्म हुआ। देवदासियों को ईश्वर की पत्नी माना जाता था, जो मंदिरों में रहती थीं, नाचती-गाती थीं और पुजारियों व तीर्थयात्रियों को यौन-सुख भी मुहैया कराती थीं। जहाँ आमतौर पर महिलाएँ मंदिरों के देवताओं से ब्याही जाती थीं, वहीं भारत के कुछ हिस्सों में पुरुष भी देवताओं के प्रति समर्पित थे। खंडोबा के मंदिर में वाघ्य और मुरली हुआ करती थीं। लड़के और लड़कियाँ देवता के प्रति समर्पित होते थे, जिन्हें विवाह करने की इजाजत नहीं थी। उनसे उम्मीद की जाती थी कि वे नृत्य और संगीत के जरिए अपनी आजीविका कमाएँगे। इन प्रथाओं के कारण हर तरह का शोषण होता था। आधुनिक भारतीय राज्य जब अस्तित्व में आया तो उसने इन प्रथाओं को गैर-

आकृति 1.11 विश्वकर्मा

कानूनी घोषित कर दिया।

सभी देवता किसी विशेष भूगोल से नहीं जुड़े हैं। आकृति 1.11 विश्वकर्मा की है। विश्वकर्मा शिल्पकारों के देवता माने जाते हैं। उनकी पूजा औजारों का इस्तेमाल करनेवाले लोग करते हैं। विश्वकर्मा प्राचीन देवता हैं। वैदिक काल में वे 'त्वस्त्र' के रूप में जाने जाते थे और कुम्हारों, लोहारों, सोनारों, बढ़इयों एवं बुनकरों के देवता थे। विश्वकर्मा हाथी की सवारी करते हैं, जिसके कारण उन्हें इंद्र के समकक्ष माना जाता है। इंद्र देवताओं के राजा हैं।

काम और कामदेव, विश्वकर्मा और रोमन अग्निदेवता तथा इंद्र और यूनानी देवराज के बीच समानताओं के कारण कई लोग जल्दबाजी में यह निष्कर्ष निकाल लेते हैं कि हिंदू पुराण ग्रीक पुराण के समान है। लेकिन ग्रीक पुराण हिंदू पुराण से बहुत भिन्न है। यह ग्रीकवासियों की व्यक्ति-सापेक्ष सच्चाई प्रदर्शित करती है, जो हिंदुओं की व्यक्ति-सापेक्ष सच्चाई पूरी तरह भिन्न थी। ग्रीक निवासी भगवान् में नहीं, देवी-देवताओं में विश्वास करते थे। ग्रीक पुराण के देवता टाइटनों को परास्त कर ब्रह्मांड के मालिक बन बैठे थे। टाइटन एक शुरुआती नस्ल के शक्तिशाली लोग थे। टाइटन बाद में शक्तिशाली बन गए और ताकतवर दैत्यों का तख्ता पलट दिया। राज्यारोहण की इस तरह की विषय-वस्तु वैदिक साहित्य में नहीं मिलती। ग्रीक देवताओं के विपरीत हिंदू देव मानवों से कभी नहीं डरे। हिंदू देवों को यह डर कभी नहीं सताया कि मानव उनका तख्ता पलट देंगे। देवों के शत्रु जरूर थे, जिन्हें असुर कहा जाता था, लेकिन वे असुर टाइटन नहीं थे। देव और असुर दरअसल ब्रह्मा की संतान थे, जिनके बीच लड़ाई चलती रहती थी। कभी देवों की जीत होती थी तो कभी असुरों की। इस जीत-हार के चक्र को फसल बोने और काटने का वैकल्पिक चक्र माना जाता था।

विश्वकर्मा के बारे में ज्यादा कुछ नहीं मालूम है। कुछ लोगों का कहना है कि ब्रह्मा ही विश्वकर्मा हैं। कहा जाता है कि विश्वकर्मा ने इस दुनिया का निर्माण किया। यही नहीं, उन्होंने माँ के गर्भ में बच्चों को आकृति दी। विश्वकर्मा ने देवताओं के औजार बनाए और आकाश के ऊपर देव शहर

ये शस्त्र देवी की आक्रामकता को दरशाते हैं। इसलिए उन्हें खुश रखने की जरूरत है
यह घुड़सवार एक महिला है, जिसे देवी ने पुरुष में बदल दिया था
मुरगे पर देवी की सवारी प्रकृति पर उनके प्रभुत्व को दरशाती है
श्री
यह ग्रंथ उनके ज्ञान को दरशाता है
मंदिर के बगल में पौराणिक सरोवर है, जिसका अब अस्तित्व नहीं है। यह सरोवर महिलाओं को पुत्रवती बना सकता था और लड़कियों को लड़कों में बदल सकता था
अपनी हथेली को उठाकर देवी अपने भक्तों से कहती हैं कि डरने की जरूरत नहीं है
स्त्रियाँ देवी की शक्ति को जगाने के लिए गरबा गा रही हैं और नृत्य कर रही हैं

आकृति 1.12 बहुचारा

अमरावती का डिजाइन तैयार किया, जिसे मनुष्य स्वर्ग कहते हैं। उन्होंने सरस्वती में निहित ज्ञान को बदल दिया, जिसे ब्रह्मा ने औजारों में संचारित किया। इन औजारों के कारण ही मनुष्य ने अपने अस्तित्व को बचाए रखा और फूला-फला।

जहाँ आकृति 1.11 में दिखाए गए देवता को शिल्पकार पूजते हैं वहीं 1.12 में दिखाई गई देवी को वह समुदाय पूजता है, जिसे मुख्यधारा के समाज ने हाशिए पर ढकेल दिया है। इस देवी को बहुचारा कहते हैं। लेकिन कोई नहीं जानता कि उनका वास्तविक नाम क्या है। कुछ लोगों का कहना है कि यह नाम बहुआचार से निकला है। 'बहुचारा' नाम शायद देवी के धैर्य का प्रतीक है। उनके भक्तों में गुजरात के स्थानीय समुदायों के न केवल पुरुष और महिलाएँ शामिल हैं, जो बच्चों की चाहत रखते हैं, बल्कि भारत के कई हिस्सों के हिजड़े भी उन्हें अपना देवता मानते हैं। ये हिजड़े लिंग की अपनी मनोकामना पूरी करने के लिए बहुचारा की पूजा करते हैं। हिजड़े पुरुष होते हैं, जो अपने को स्त्री मानते हैं। इसलिए वे समाज की मुख्यधारा में नहीं रहते। हिजड़े महिलाओं की तरह कपड़े पहनते हैं और समाज से बाहर दूसरे हिजड़ों के साथ रहते हैं। वे अपनी आजीविका कमाने के लिए भीख माँगते हैं, यहाँ तक कि वेश्यावृत्ति भी करते हैं। कुछ हिजड़े खुद अपना बधिया करवा लेते हैं। ऐसा करवाते हुए वे बहुचारा की प्रार्थना करते हैं। किंवदंती है कि देवी बहुचारा ने एक बार एक महिला को पुरुष बना दिया और उसे दुलहन के रूप में मिली महिला का पति बनने की इजाजत दे दी।

बहुचारा के भक्त एक कहानी सुनाते हैं। इस कहानी के अनुसार, दो मित्र कई वर्षों बाद एक मेले में मिले। उन दोनों की पत्नियाँ गर्भवती थीं। एक पुजारी ने उन्हें बताया कि एक को बेटा होगा और दूसरे को बेटी। अपनी दोस्ती पक्की करने के लिए दोनों दोस्तों ने अपने अजन्मे बच्चों की एक-दूसरे से शादी कर देने का फैसला किया; लेकिन, जिसे बेटा होने की भविष्यवाणी की गई थी उसे बेटी हुई। इस सच्चाई को छिपाकर रखा गया, क्योंकि पुजारी ने उनसे कहा था कि उसकी भविष्यवाणी निश्चित रूप से सही होगी। लड़की का पालन-पोषण

आकृति 1.13 शिव को भोजन कराना

लड़के की तरह किया गया और समय आने पर उससे अपनी दुलहन लाने को कहा गया। एक घोड़ी पर सवार होकर लड़की अपनी दुलहन लाने के लिए निकल पड़ी। रास्ते में दोनों एक तालाब में गिर पड़े। जब वे पानी के ऊपर आए तो लड़की लड़के में और घोड़ी घोड़े में तब्दील हो चुकी थी। उनका पीछा करनेवाली एक जादूगरनी भी तालाब में गिर पड़ी थी। वह कुत्ते में तब्दील होकर बाहर निकली। यह सब इसलिए हुआ, क्योंकि तालाब के बगल में बहुचारा का मंदिर था। उस दिन से बेटे की कामना करनेवाले लोगों की मंदिर में भीड़ होने लगी। हिजड़े मंदिर में इस विश्वास से आते हैं कि अगले जन्म में वे पूर्ण पुरुष या पूर्ण नारी के रूप में जन्म लेंगे।

देवी बहुचारा के बारे में एक कहानी यह है कि जब वे युवा थीं तो उन्होंने एक चोर को हिजड़े में तब्दील कर दिया था। उस चोर ने उनकी उस समय इज्जत लूटने की कोशिश की थी, जब वे विवाह करने जा रही थीं। अन्य लोगों का कहना है कि दुलहन बनने के बाद बहुचारा ने पाया कि उनका पति पुरुष नहीं, बल्कि हिजड़ा है। लिहाजा देवी बनने के बाद उन्होंने सभी हिजड़ों का उद्धार करने की पेशकश की। लेकिन उन्होंने हिजड़ों के सामने एक शर्त रखी कि वे उनकी पूजा करेंगे और महिलाओं से शादी नहीं करेंगे। इस तरह, हाशिए पर रहनेवाले हिजड़े भी बहुचारा के जरिए मुख्यधारा से जुड़े हुए हैं।

आकृति 1.13 किसी विशेष भूगोल या समुदाय से संबद्ध नहीं है। वे रसोईघर की सार्वभौमिक और शाश्वत देवी हैं, जिन्हें अन्नपूर्णा कहते हैं। अन्नपूर्णा का अर्थ होता है 'खिलानेवाली माँ'। उनके बिना दुनिया भर में भुखमरी फैल जाएगी। इसलिए उन्हें सार्वभौमिक देवी कहा जाता है। लेकिन संपूर्ण जीवन जीने के लिए केवल अन्न ही पर्याप्त नहीं है, आध्यात्मिक ज्ञान की भी जरूरत होती है। जहाँ आकृति 1.13 इस जरूरत को दरशाती है, वहीं आकृति 1.14 में अन्नपूर्णा को मंदिर में प्रतिष्ठापित देवी के रूप में दिखाया गया है। उनका सबसे लोकप्रिय मंदिर काशी में गंगा नदी के किनारे है।

करीब 4,000 वर्ष पहले वैदिक काल में ऋषियों ने गायत्री मंत्र की रचना की थी, जिसमें देवी को महान् बताते हुए अज्ञानता के अँधेरे को भगाने के लिए

आकृति 1.14 अन्नपूर्णा

आकृति 1.15 गायत्री

भोजन देने वाली देवी धन की देवी बन जाती हैं

वैदिक श्लोकों की देवी ज्ञान की देवी बन जाती हैं

आकृति 1.16 लक्ष्मी, सरस्वती और गणेश

उनसे ज्ञान की रोशनी फैलाने की प्रार्थना की गई थी। इसका उद्देश्य बौद्धिकता को बढ़ाना और भौतिक या आध्यात्मिक मनोकामना को पूरा करना था। जिस समय इस मंत्र की रचना की गई थी, हिंदुओं के मंदिर नहीं थे। लोग देवी-देवताओं की पूजा मंत्रों के जरिए करते थे और अग्नि तथा जल को आहुति देते थे; लेकिन मंत्रोच्चार और उसपर विचार वही लोग कर सकते थे जिनकी एकाग्रता उच्च कोटि की होती थी। बहरहाल, ज्यादातर लोग मंत्र को भावात्मक नजरिए से देखते थे, इसलिए मंत्र को देवी मान लिया गया। आकृति 1.15 इसका उदाहरण है। लोगों का विश्वास था कि इस देवी की आराधना के जरिए वही फल पाया जा सकता है, जो मंत्रोच्चार से मिलता है। इस तरह गायत्री मंत्र को देवी का रूप दे दिया गया, जिसे गायत्री कहते हैं। यदि आकृति 1.14 मनुष्य की भौतिक जरूरतों की पूर्ति दरशाती है तो आकृति 1.15 आध्यात्मिक कामना की पूर्ति दरशाती है।

देवी अन्नपूर्णा धन-दौलत की देवी लक्ष्मी बन जाती हैं। आकृति 1.16 में लक्ष्मी स्वर्ण-वर्षा करते हुए कमल के फूल पर खड़ी हैं और उनके दाएँ-बाएँ दो सफेद हाथी हैं। इसी तरह देवी गायत्री ज्ञान की देवी सरस्वती बन जाती हैं। आकृति 1.16 में सरस्वती श्वेत वस्त्र पहने, हाथों में वीणा, माला और पुस्तक लिये हुए बैठी हैं। आकृति 1.5 में यह दिखाया गया है कि ब्रह्मा ने सरस्वती के मुँह से सबसे पहले वेद सुना और फिर ऋषियों को सुनाया। लक्ष्मी के बाएँ शिव के पुत्र गणेश हैं, जो सभी बाधाओं को दूर करते हैं और सौभाग्य लाते हैं।

हाल के समय में गणेश हिंदुओं के सबसे लोकप्रिय देवताओं में से एक माने जाते हैं। कोई भी नया काम शुरू करने से पहले उनकी पूजा की जाती है। माना जाता है कि वे सभी बाधाओं को दूर करते हैं, सभी अदृश्य अवरोधों को हटाते हैं। उनके धड़ पर हाथी का सिर शक्ति का प्रतीक है। हाथी शक्तिशाली जानवर है, जिसका जंगल में कोई दुश्मन नहीं होता। कोई भी जानवर उसकी राह काटने का दु:साहस नहीं करता। हाथी बिना किसी बाधा के चलता जाता है। गणेश का मोटा शरीर और लंबा उदर पर्याप्त खाद्य की उपलब्धता और कम काम की संभावना दरशाता है। कुल मिलाकर गणेश धन-धान्य और समृद्धि के

विनायक का सिर अलग करते शिव
गणेश का फूल चीजों को एकजुट करता है
विनायक के धड़ पर हाथी का सिर लगाते हुए शिव
गणेश की कुल्हाड़ी चीजों को तोड़ती है
स्नान करतीं पार्वती
विनायक का नाम गणेश रखते हुए शिव
शिव को पार्वती की गुफा में प्रवेश करने से रोकते विनायक
मोदक धन की थैली का प्रतीक है

आकृति 1.17 गणेश

प्रतीक हैं। गणेश की सवारी चूहे को दुनिया का सबसे अधिक परेशान करनेवाला प्राणी माना जाता है। वह किसी भी दरार से निकल सकता है, किसी भी रुकावट के बीच से अपना रास्ता बना सकता है और अनाज चुरा सकता है। चूहा जीवन की समस्याओं का प्रतीक है। इन समस्याओं को गणेश दूर करते हैं। इस तरह गणेश शक्ति और धन-धान्य से परिपूर्ण जीवन का प्रतिनिधित्व करते हैं। गणेश का रूप एक विचार का वाहक है। हिंदू गणेश की पूजा इस विश्वास के साथ करते हैं कि उनकी मनोकामना बिना किसी बाधा के पूरी होगी।

गणेश के जन्म के पीछे एक कहानी है। यह कहानी आकृति 1.17 में बताई गई है। पार्वती ने यह जानते हुए भी शिव से विवाह किया कि वे तपस्वी हैं और उनकी रुचि भौतिक जीवन में नहीं है। शिव पिता बनना नहीं चाहते थे। उनका मानना था कि परिवार खड़ा करना बेमतलब है; लेकिन पार्वती माँ बनना चाहती थीं। सो, एक बार नहाते हुए पार्वती ने अपने शरीर पर लगे हुए हल्दी के उबटन को रगड़कर छुड़ा दिया और उसे एक गुड़िया का आकार दे दिया। उन्होंने गुड़िया में जान भी फूँक दी। इस तरह जिस बच्चे का सृजन हुआ, उसका नाम विनायक रखा गया। विनायक का अर्थ होता है—बिना किसी पुरुष (नायक) की मदद से उत्पन्न हुआ शिशु। शिव ने विनायक को अपनी पत्नी के पुत्र के रूप में नहीं पहचाना। उधर, विनायक ने भी शिव को अपनी माँ के पति के रूप नहीं पहचाना। जब एक बार विनायक ने अपनी माँ के निर्देश पर शिव को उनके अपने ही घर में घुसने से रोक दिया तो क्रुद्ध शिव ने उसका सिर धड़ से अलग कर दिया। इससे पार्वती शोकग्रस्त हो गईं। उनके दुःख को देखकर शिव ने विनायक के धड़ पर हाथी का सिर लगाकर उसे जीवित कर दिया। शिव ने विनायक के धड़ पर जिस हाथी का सिर लगाया, वह कोई साधारण हाथी नहीं था। वह वर्षा के देवता इंद्र का हाथी ऐरावत था। शिव ने उसे उत्तर दिशा में पाया था। उत्तर अमरत्व, शांति और स्थायित्व की दिशा है।

इस तरह, गणेश दो विपरीत ध्रुवों के संयोग के प्रतीक हैं—शिव, जो विवाह करना और परिवार पालना नहीं चाहते थे और पार्वती, जो विवाह करना चाहती थीं। शिव आध्यात्मिक आकांक्षाओं के प्रतीक हैं। पार्वती भौतिक

आकृति 1.18 शिव अपने पुत्र के साथ

आकांक्षाओं की प्रतीक हैं। हिंदुओं ने इन दोनों लक्ष्यों के बीच हमेशा टकराव महसूस किया है। गणेश इन दोनों लक्ष्यों के बीच संतुलन के प्रतीक हैं। आकृति 1.18 में इस सांस्कृतिक टकराव को दिखाया गया है। इसमें तपस्वी शिव पिता के रूप में अपने पुत्र गणेश को गोद में बिठाए हुए हैं।

गणेश नश्वर शरीर और अनश्वर मस्तिष्क के बीच संतुलन के भी प्रतीक हैं। उनका मानव शरीर, जिसका सृजन उनकी माँ ने पृथ्वी पर किया था, भौतिक संसार का प्रतीक है। मानव शरीर नश्वर है, जो मृत्यु और पुनर्जन्म के चक्र से गुजरता है। उनका हाथी जैसा सिर, जिसे उनके पिता ने देवताओं की मदद से हासिल किया था, आध्यात्मिक दुनिया का प्रतीक है, जो अनश्वर है।

सो, गणेश की यह आकृति हिंदुओं में पराभौतिक विचारों को जन्म देती है और साथ ही एक बुनियादी स्तर पर भी काम करती है—यानी रोजमर्रा के जीवन की परेशानियों से मुक्ति दिलाती है।

इस तरह हम ऐसी तमाम आकृतियाँ पाते हैं, जो हिंदुओं की व्यक्ति-सापेक्ष सच्चाई सामने लाती हैं। हिंदू धर्म में देवी हैं, देव हैं, ईश्वर हैं और महाशक्तियाँ हैं, जो यह संदेश देने की कोशिश करते हैं कि वे साकार और निराकार, स्थानीय और सार्वभौमिक दोनों हो सकते हैं। उनमें न केवल आध्यात्मिक तत्त्व, बल्कि भौतिक तत्त्व भी होता है। एक साथ मिलकर वे अनंत देवी-देवताओं की संपूर्णता हासिल करने की कोशिश करते हैं। एक साथ मिलकर वे हिंदुओं की विश्व-दृष्टि की खिड़की के रूप में काम करते हैं।

□

2. नारायण का रहस्य

जो मरता है वह पूनर्जन्म लेता है

आकृति 2.1 नारायण का पुनः जागना

आकृति 2.1 में नारायण को जागते हुए दिखाया गया है। यह वह क्षण है, जब विश्व अस्तित्व में आता है। जिस तरह हमारे सोने पर हमारे लिए दुनिया का अस्तित्व नहीं होता, ठीक उसी तरह नारायण के सोने पर ब्रह्मांड का अस्तित्व नहीं होता। नारायण भगवान् हैं। उनकी गहरी निद्रा विश्व के विलोपन का प्रतीक है। सोने से पहले नारायण जरूर जागे होंगे और विश्व अस्तित्व में आया होगा। इस तरह आकृति 2.1 नारायण के जागने और सोने की अवस्था में विश्व के पुनर्सृजन और विलोपन का प्रतीक है। विश्व के सृजन और विलोपन का चक्र चलता है।

ग्रीक निवासी पुनर्जन्म में विश्वास नहीं करते थे और न ही मुसलमान व ईसाई करते हैं। इनके लिए वर्तमान जीवन ही सबकुछ है। यही कारण है कि ग्रीक निवासी नायक बनने में विश्वास करते थे। ईसाइयों का विश्वास है कि ईश्वर उनकी रक्षा करेगा और मुसलमानों का मानना है कि खुदा के सामने समर्पण करने से उनका भला होगा। लेकिन हिंदुओं के साथ ऐसी बात नहीं है। उनके लिए वर्तमान जीवन कई जन्मों में से एक है। वर्तमान दुनिया उन कई दुनियाओं में से एक है, जो अस्तित्व में आईं और खत्म हो गईं।

नारायण क्षीरसागर पर सोते हैं। इस सागर का कोई तट नहीं है। यह दूध से बना है। इसमें लहरें नहीं उठतीं। जब नारायण जागेंगे तो क्षीर सागर से सभी चीजें निकलकर बाहर आ जाएँगी, ठीक उसी तरह जिस तरह दूध मथने से मक्खन निकल आता है। इस तरह क्षीरसागर संभावना का प्रतीक है। जब नारायण सोते हैं तो विश्व अस्तित्वहीन हो जाता है। उसका कोई रूप मौजूद नहीं होता।

जिस नाग पर नारायण सो रहे हैं, उसे शेष कहते हैं। शेष का अर्थ है—बाकी बचा हुआ। सबकुछ नष्ट होने पर भी जो बचा रहता है वह शेष कहलाता है। कुछ लोगों का कहना है कि शेषनाग समय के प्रतीक हैं। कोई भी नहीं जानता कि कोई कब गहरी निद्रा में होता है। कोई कैसे जान सकता है कि पीछे क्या छूटा हुआ है। समय गतिमान है, लेकिन नारायण के सिर पर छतरी काढ़े हुए कुंडलित शेषनाग स्थिरता के प्रतीक हैं। नारायण शेषनाग की कुंडली पर सोते हैं। दूसरे शब्दों में, नारायण जब सोते हैं तो समय ठहर जाता है। यह

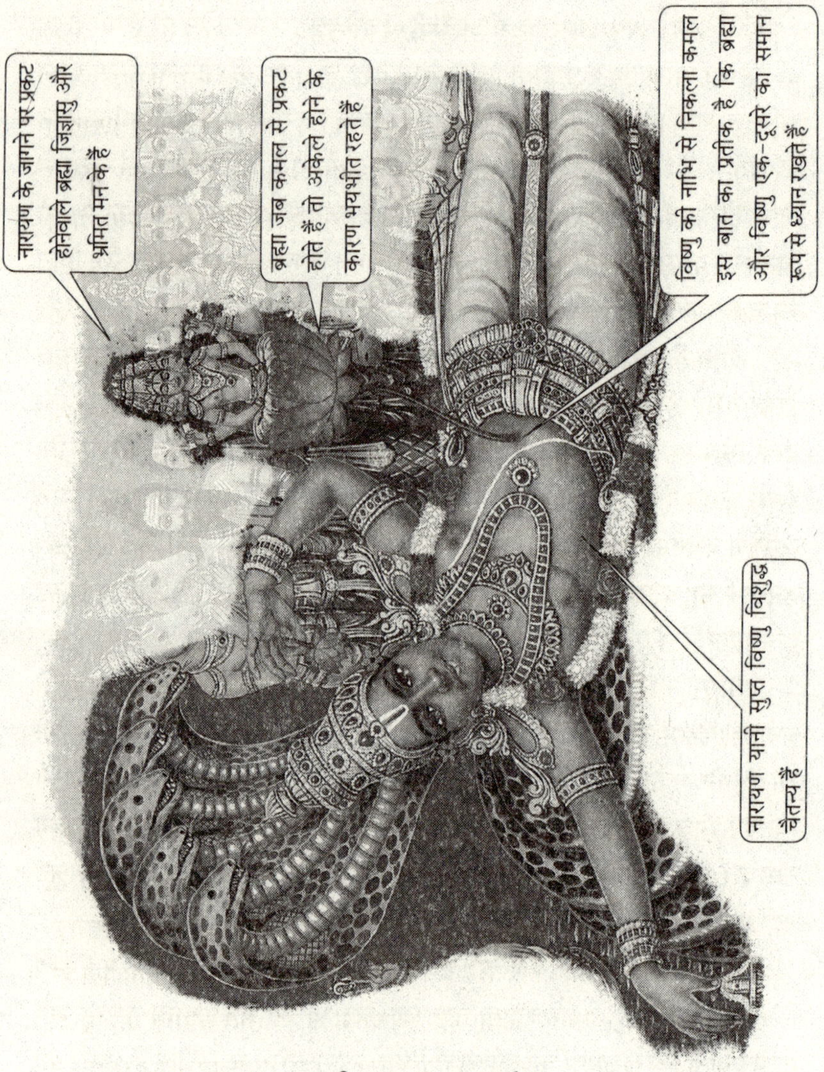

आकृति 2.2 ब्रह्मा का पुनर्जन्म

कोई नहीं जानता कि पहले क्या होता है—पहले शेषनाग स्थिर होते हैं या पहले नारायण सोते हैं, या सबकुछ एक साथ घटित होता है।

शेषनाग को आदि शेष या अनंत शेष कहा जाता है। यह नाम हमारा ध्यान इस तथ्य की ओर ले जाता है कि जब नारायण निद्रा में होते हैं, तब भी विश्व का अस्तित्व उनके इर्द-गिर्द बना रहता है। लेकिन इसके बारे में किसी को मालूम नहीं होता, इसलिए यह मान लिया जाता है कि मनुष्य की निद्रा की अवस्था में विश्व का अस्तित्व नहीं होता। वेदांत के अनुसार, पर्यवेक्षक के बिना पर्यवेक्षण नहीं होता। नारायण पर्यवेक्षक हैं। जब वे गहरी निद्रा में होते हैं तो किसी भी चीज का अवलोकन नहीं करते। वे सपना नहीं देखते। उन्हें यथार्थ विश्व या स्वप्निल विश्व का कोई भान नहीं होता। पर्यवेक्षक के बिना पर्यवेक्षण संभव नहीं है। इसलिए, नारायण जब सो जाते हैं तो विश्व का अस्तित्व नहीं होता। यह विश्व का अंत है।

इस बात को बेहतर तरीके से समझने के लिए अपने आप से यह सवाल पूछना चाहिए—जब हम गहरी निद्रा में होते हैं तो क्या विश्व का अस्तित्व बना रहता है? हाँ, बना रहता है। लेकिन क्या हम उसका अनुभव करते हैं? नहीं, हम अनुभव नहीं करते। इस तरह, दुनिया तो बनी रहती है, लेकिन हमारी नहीं। हमारे बिना हमारी दुनिया का अस्तित्व नहीं होता। पर्यवेक्षक के बिना पर्यवेक्षण नहीं होता।

आकृति 2.2 में नारायण का जागना या पुनः जागना दिखाया गया है। यह सृजन है। यहाँ चित्रकार यह कल्पना कर रहा है कि जिस क्षण हम निद्रा से जगते हैं, चैतन्य तो हो जाते हैं, लेकिन बिस्तर से नहीं उठे होते हैं। जब नारायण की आँखें खुलती हैं, उनकी इंद्रियाँ इर्द-गिर्द की दुनिया के प्रति संवेदनशील हो जाती हैं। आँख, कान, नाक, जिह्वा और त्वचा के जरिए उन्हें ब्रह्मांड की खबर मिलने लगती है। जो कुछ अनुभव किया जाता है, उसे पहचाना और वर्गीकृत किया जाता है। यहाँ तक स्मरण-शक्ति से उनका आकलन किया जाता है। चेतना, जो कोरे कागज की तरह थी, अब मुड़ने-तुड़ने लगती है। दुनिया विशुद्ध नहीं रह पाती, उसमें रंग, आकार और मूल्य उभर आते हैं। इनमें से हम कुछ

आकृति 2.3 श्री-देवी, भू-देवी और शिव का परिवार

चीजों को पसंद करते हैं और कुछ चीजों को नहीं। इस मुड़ी-तुड़ी चेतना, जो नारायण की तरह शुद्ध नहीं होती, की कल्पना ब्रह्मा के रूप में की जाती है, जो नारायण की नाभि से निकले कमल के फूल पर विराजमान रहते हैं।

गर्भनाल की तरफ नाभि से वृंत के साथ निकला ब्रह्मा का कमल बीजांडासन की तरह है, जो माँ के गर्भ में अजन्मे बच्चे का पोषण करता है। ऐसे में सवाल उठाता है कि सर्जक आखिर है कौन? क्या नारायण ने ब्रह्मा का सृजन किया? क्या पर्यवेक्षण पर्यवेक्षक का सृजन करता है? या पर्यवेक्षक पर्यवेक्षण का सृजन करता है। क्या हम अपने इर्द-गिर्द की दुनिया के अंग हैं या हमने दुनिया का निर्माण किया है? अध्याय 7 में ब्रह्मा के बारे में विस्तार से वर्णन किया गया है।

नारायण का जागना उत्सव का क्षण होता है। यह विश्व के सृजन का प्रतीक है। हमारी भी दुनिया तभी अस्तित्व में आती है जब हम नींद से जागते हैं और अपनी दुनिया को ठीक सामने पाते हैं। नारायण के जागने पर स्वर्ग की परियाँ फूलों की वर्षा करती हैं। अकादमिक नजरिए से इस बात को ध्यान में रखना दिलचस्प होगा कि परियों की कल्पना भारत में तभी की गई जब सोलहवीं सदी में भारत यूरोपीय संस्कृति के संपर्क में आया।

आकृति 2.1 में नारायण के चरणों के पास उनकी पत्नी, समृद्धि की देवी लक्ष्मी बैठी हुई हैं। आकृति 2.3 में लक्ष्मी को और अधिक विस्तार से दिखाया गया है। लक्ष्मी मानव जाति का पोषण करती हैं। उन्हें गाय के रूप में चित्रित किया गया है। वे गो-माता हैं, जिनके भीतर पूरी दुनिया समाई हुई है। नारायण ग्वाला हैं, इसलिए जब वे जागते हैं तो गोपाल कहलाते हैं। गाय विश्व है और विश्व जब भी संकट में होता है, नारायण उसे बचाने के लिए दौड़ पड़ते हैं। जाग्रत् अवस्था में नारायण को विष्णु कहते हैं। विष्णु अभिभावक, संरक्षक और रक्षक हैं।

इस आकृति में शिव भी दिख रहे हैं, जो विश्व की तरफ से आँखें मूँदकर उसका संहार कर देते हैं, लेकिन यहाँ दिखाए गए शिव संहारक नहीं हैं। उनकी आँखें खुली हुई हैं और उनके साथ उनके दो पुत्र—छह सिरोंवाले कार्तिकेय

आकृति 2.4 अलौकिक संगीतकार

और हाथी के सिरवाले गणेश हैं। कार्तिकेय जहाँ भौतिकता के प्रतीक हैं, वहीं गणेश बौद्धिकता के। इस तरह, नारायण का जागना और विश्व का सृजन होना दोनों शिव से संबद्ध हैं। तपस्वी शिव जब आँखें खोलते हैं, शादी करते हैं और पिता बनते हैं तो शंकर कहलाते हैं। अध्याय 4 में इसका विस्तार से वर्णन किया गया है।

आकृति 2.1 में नारायण के सिर और पैर की तरफ दो व्यक्ति वीणा लिये हुए हैं। आकृति 2.4 में इसे और अधिक विस्तार से दिखाया गया है। पैरों की तरफ जो व्यक्ति वीणा लिये हुए है, उसे नारद कहते हैं और वीणा के साथ सिर की तरफ खड़े व्यक्ति को तुंबरू कहते हैं, जिसका सिर घोड़े का है। नारद ऋषि हैं और तुंबरू स्वर्गिक संगीतकार किन्नर। दोनों प्रतिद्वंद्वी संगीतकार हैं। वे कई पौराणिक कथाओं में प्रायः एक ही लड़की से शादी करने के लिए होड़ लगाते हैं और मदद के लिए विष्णु के पास जाते हैं। विष्णु मदद जरूर करते हैं, लेकिन इस तरह से कि लक्ष्मी की अवतार वह कन्या उनसे से ही विवाह कर लेती है। नारद और तुंबरू भू-देवी को पाने की कोशिश करते हैं, लेकिन सफल नहीं होते। वे किसी इनाम की तरह उन्हें पाना चाहते हैं, लेकिन उनके पास योग्यता नहीं होती। विष्णु उनसे प्रेम, उनकी आराधना करते हैं। वे उनके रक्षक भी हैं, इसलिए वे लायक वर हैं।

नारद का सृजन विष्णु के मस्तिष्क से हुआ है। अपने जन्म के समय नारद की रुचि दुनियावी चीजों में नहीं थी, इसलिए उन्होंने सभी प्राणियों को इस बात के लिए प्रोत्साहित किया कि वे न तो विवाह करें और न ही संतान उत्पन्न करें। इसके परिणामस्वरूप दुनिया जब आगे नहीं बढ़ी तो ब्रह्मा कुपित हो गए। उन्होंने नारद को श्राप दिया कि वे विष्णु के एक बार फिर सोने तक दुनिया भर में बेचैनी से घूमेंगे। इसलिए, बेचैन नारद कई समस्याओं की जड़ हैं (जैसा कि अध्याय 1 में दी हुई कहानी में बताया गया है)। उन्हें लोगों को भड़काने में आनंद आता है। वे निरंतर लोगों की तुलना करते रहते हैं। इस तरह नाराजगी फैलाते हैं और झगड़ा लगाते हैं। नारद मन में ईर्ष्या और असुरक्षा का भाव पैदा करते हैं।

नारायण के सिर की तरफ हनुमान और पाँव की तरफ गरुण हाथ जोड़े बैठे

आकृति 2.5 संरक्षक देवता

हैं। आकृति 2.5 में इसे विस्तार से दिखाया गया है। दुनिया में जब भी बेचैनी, असुरक्षा और ईर्ष्या का बोलबाला होता है, विष्णु स्थिति को सँभालते हैं। गरुण उनके वाहक के रूप में काम करते हैं और उन्हें संकटग्रस्त स्थल पर ले जाते हैं।

गरुण और साँप एक-दूसरे के स्वाभाविक शत्रु हैं। गरुण की उपस्थिति में साँप स्थिर नहीं रह सकता। वह अपनी रक्षा के लिए सीधा होकर वहाँ से खिसक जाता है। इस तरह, गरुण दुनिया को गतिमान होने के लिए प्रेरित करते हैं। उड़ते हुए गरुण और स्थिर शेषनाग के साथ विष्णु का जुड़ाव निद्रा और जाग्रत् अवस्था में चेतना का प्रतीक है।

कभी-कभी स्थिति को ठीक करने के लिए विष्णु मानव रूप धारण कर लेते हैं। अपने एक अवतार में वे अयोध्या के राजा राम थे (अध्याय 6 में इस बारे में अधिक ब्योरा दिया गया है)। हनुमान इस अवतार में ही श्रीराम के सेवक बने थे। उन्होंने श्रीराम की पत्नी सीता को खोजने में मदद की थी। हनुमान को संकटमोचन कहा जाता है। उनकी उपस्थिति का अर्थ यह है कि जब दुनिया नींद से जागती है तो संकट भी शुरू हो जाता है, लेकिन संकट पैदा करनेवाला दिमाग उसका समाधान भी सुझा सकता है।

जब नारायण विष्णु बनने के लिए जागते हैं तो दिमाग परिभाषाओं, वर्गीकरणों और आकलनों के जरिए दुनिया (ब्रह्मा) को संगठित करने लगता है। निवर्तन (शिव) भौतिक क्षमता (कार्तिकेय) और बौद्धिक क्षमता (गणेश) के इस्तेमाल के जरिए भागीदारी के लिए प्रोत्साहित करता है। दुनिया को भोगने और उसे अपनी मुट्ठी में करने की इच्छा का प्रतीक तुंबरू है। इसके अतिरिक्त, बेचैनी और ईर्ष्या (नारद) जैसी नकारात्मक भावनाएँ भी होती हैं। लेकिन जब दिमाग गरुण की तरह उड़ेगा और हनुमान की तरह अनुशासित होगा तो इन समस्याओं को सुलझाया जा सकता है।

इस तरह, आकृति 2.1 प्रतीकों के मामले में समृद्ध है और सृजन का प्रयास करती है। हिंदू धर्मग्रंथों में बार-बार कहा गया है कि सृजन जागरूकता का नतीजा है। चीजें तभी पैदा होती हैं जब हम उनके प्रति सचेत होते हैं। इस तरह, सृजन वस्तुनिष्ठ निर्माण नहीं बल्कि व्यक्ति-सापेक्ष अनुभूति है। चीजों

आकृति 2.6 बरगद के पत्ते पर शिशु

का सृजन हर पल होता है और हर सृजन के साथ कुछ-न-कुछ नष्ट होता है। सृजन लहर की तरह होता है, इसलिए संहार की कल्पना तूफानी सागर की तरह की जाती है, जहाँ विचार ढह जाते हैं और नई चीजें बाहर आने के लिए संघर्ष करती हैं।

आकृति 2.6 में एक नवजात शिशु को बरगद के पत्ते पर दिखाया गया है। एक बार मार्कंडेय नामक ऋषि को प्रलय यानी संसार के अंत की झलक दिखाई गई थी। प्रलय के दौरान पृथ्वी को लीलने के लिए मूसलधार वर्षा हो रही थी और ऊँची-ऊँची लहरें उठ रही थीं। अंततः सबकुछ डूब गया। जल, खासतौर पर सागर, आकारहीनता का प्रतीक है। यह अंत का प्रतीक है। कोई व्यक्ति कला में शून्यता की कल्पना कैसे कर सकता है? वह सागर के रूप में ही इसकी कल्पना कर सकता है। तूफानी सागर प्रलय की प्रक्रिया दरशाता है, जबकि शांत सागर पुनर्जन्म के पहले का क्षण दरशाता है।

समाप्त होती दुनिया के दृश्य ने मार्कंडेय के मन में भय और निराशा पैदा कर दी। तभी उन्होंने गड़गड़ाहट के साथ एक सुखद आवाज सुनी। वे पीछे की तरफ पलटे तो उन्होंने बरगद के पत्ते पर एक शिशु को देखा, जो प्रलय की लहरों पर झूल रहा था। शिशु पुनर्जन्म या जीवन के नवीकरण का प्रतीक है। मार्कंडेय ने जब शिशु को देखा तो महसूस किया कि जिसे दुनिया का अंत माना जाता है, वह महज एक चरण है, प्रक्रिया का एक अंग है। दरअसल, प्रलय के बाद नए जीवन की शुरुआत होती है। यह अवधारणा ग्रीक और बाइबिल की विश्व-दृष्टि से पूरी तरह भिन्न है। ग्रीक और बाइबिल की अवधारणा यह है कि मृत्यु पूर्णविराम है। दूसरी तरफ हिंदू विश्व-दृष्टि यह है कि मृत्यु अर्द्धविराम है; यहाँ पूर्णविराम नाम की कोई चीज नहीं होती।

बरगद के पत्ते पर शिशु का पड़ा होना अपने आप में महत्त्वपूर्ण है। बरगद का पेड़ अमर माना जाता है; यह उस चीज का प्रतीक है, जिसे नष्ट नहीं किया जा सकता। वह कौन सी चीज है, जिसे नष्ट नहीं किया जा सकता, उस समय भी नहीं जब सभी चीजें विघटित होकर आकारहीन हो जाती हैं? वह चीज आत्मा है। इस तरह आत्मा शिशु को पालने में झुलाती है। मार्कंडेय से कहा जा

आकृति 2.7 बाल नारायण अपने दाएँ पैर का अँगूठा चूसते हुए

रहा है कि अनश्वर आत्मा विरक्ति भाव से संसार का नष्ट होना देख रही है। आत्मा जब खतरनाक लहरों को उछालती है तो यह क्रूरता लग सकती है; लेकिन लहरें जब शांत होंगी तो आत्मा भी विश्राम की अवस्था में चली जाएगी और सुकोमल शिशु की तरह उभरकर फिर सामने आएगी।

बरगद का पत्ता कमल के फूल के भीतर है। यह कमल ब्रह्मा का कमल है। यह तभी खिलता है जब नारायण जागते हैं। इस तरह, आकृति 2.6 में मृत्यु (जल) और पुनर्जन्म (पत्ता एवं फूल) को एक साथ दरशाया गया है।

आकृति 2.7 में दिखाए गए शिशु के दाएँ हाथ में बाँसुरी और बाएँ हाथ में दाएँ पैर का अँगूठा है। भारतीय कला में दायाँ पार्श्व आत्मा और बुद्धि का प्रतीक माना गया है, क्योंकि बायाँ पार्श्व स्पंदित हृदय के कारण गति का प्रतिनिधित्व करता है, इसलिए वह पदार्थ और मनोभाव का प्रतीक है। दाएँ अँगूठे को बाएँ हाथ से पकड़कर भगवान् आध्यात्मिकता को भौतिकता से जोड़ रहे हैं, बौद्धिकता को मनोभाव से जोड़ रहे हैं। साथ ही, बाँसुरी से निकलनेवाला संगीत जीवन के प्रति खूबसूरत नजरिए को दरशाता है। दुनिया का अस्तित्व इसलिए है कि आत्मा जिंदादिली से उसका आनंद उठा सके और अन्वेषण कर सके। ईश्वर का शिशु रूप सुकोमलता और भौतिक नवीकरण के विचार का प्रतीक है।

हिंदुओं की आस्था के अनुसार, आत्मा अमर है और हमेशा मौजूद रहती है, लेकिन उसका कोई आकार नहीं होता। फिर कोई व्यक्ति कला में उसे कैसे दरशाता है? उस व्यक्ति के सामने आत्मा का कोई-न-कोई रूप देने के सिवाय दूसरा कोई विकल्प नहीं होता, लेकिन कोई भी आकार अधूरा और त्रुटिपूर्ण होगा। आमतौर पर आत्मा की कल्पना पुरुष के रूप में की जाती है और आकृति 2.6 एवं 2.7 में शिशु के रूप में की गई है; लेकिन इन दोनों रूपों में खामियाँ हैं। बहरहाल, एक पूर्ण सत्य को दरशाने के लिए हमारे पास अपूर्ण आकारों का इस्तेमाल करने के अलावा दूसरा कोई विकल्प नहीं है।

आकृति 2.8 एक कहानी पर आधारित है, जो हमारा ध्यान आत्मा की प्रकृति की तरफ खींचती है। यह कहानी विष्णुपुराण की है और पिता-पुत्र के

आकृति 2.8 हिरण्यकशिपु का वध

बीच टकराव के बारे में बताती है। पिता, जिसका नाम हिरण्यकशिपु है, का विश्वास है कि वह अमर है। हिरण्यकशिपु को वरदान मिला हुआ है कि उसे कोई भी मनुष्य, पशु, देवता, असुर, अस्त्र या शस्त्र नहीं मार सकता। उसे न तो घर के बाहर और न घर के भीतर, न तो जमीन के ऊपर और न जमीन के भीतर, न तो दिन में और न रात में मारा जा सकता है। चूँकि हिरण्यकशिपु अपने को अमर मानता है, इसलिए वह अपने को भगवान् समझता है। वह लोगों से अपनी पूजा करने को कहता है। लेकिन उसका पुत्र प्रह्लाद अपने पिता को मरणशील मानता है। प्रह्लाद इस बात पर जोर देता है कि वह केवल नारायण की पूजा करेगा, जो निराकार, कालातीत और सर्वव्यापी हैं।

उसके पिता ने पूछा, ''यह नारायण कहाँ रहता है?''

पुत्र ने कहा, ''हर जगह। यहाँ तक कि आपके महल के खंभों में भी।''

अपने पुत्र को गलत साबित करने के लिए हिरण्यकशिपु ने महल के एक खंभे को तोड़ दिया। हम पृष्ठभूमि में बीचोबीच दो-फाड़ हुए एक खंभे को देख सकते हैं।

उस खंभे से नृसिंह नाम का एक अनूठा प्राणी निकलता है, जिसका आधा शरीर सिंह का और आधा शरीर मनुष्य का होता है। उस प्राणी को न तो पशु कहा जा सकता है और न ही मनुष्य। वह सभी सीमाओं को तोड़कर असंभवता के क्षेत्र से बाहर आता है और सामान्य एवं असामान्य की हमारी अवधारणा को चुनौती देता है। नृसिंह भगवान् हैं, नारायण का एक रूप हैं। कहा जाता है कि मनुष्य जिस बात की कल्पना तक नहीं कर सकता, वह बात ईश्वर के दिमाग में पहले से मौजूद होती है। हिरण्यकशिपु ताकत के कारण अंधा हो जाता है और यह मान बैठता है कि वह दुनिया का ओर-छोर जानता है; लेकिन ईश्वर असंभव को संभव बना देते हैं। वे ऐसे प्राणी के रूप में सामने आते हैं, जिसे हिरण्यकशिपु अप्राकृतिक मानता है, क्योंकि इस प्राणी का अस्तित्व है ही नहीं। नृसिंह भगवान् माने जाते हैं, लेकिन राक्षस की तरह भय पैदा कर देते हैं। वे पिता और पुत्र के लिए न तो भगवान् हैं और न राक्षस या दोनों हैं।

यह प्राणी, जो न तो मनुष्य है और न ही पशु या शायद दोनों है,

आकृति 2.9 लक्ष्मी के साथ नृसिंह

हिरण्यकशिपु को खींचकर महल की देहरी पर लाता है, जो न तो घर के भीतर है और न बाहर। वहाँ गोधूलि वेला में, जो न तो दिन है और न रात, वह हिरण्यकशिपु को अपनी गोद में रख लेता है, जो न तो जमीन के भीतर है, न जमीन पर है और न जमीन के ऊपर है। फिर अपने नख से हिरण्यकशिपु के शरीर को चीर देता है। नख न तो अस्त्र है और न शस्त्र। इस तरह, हिरण्यकशिपु, जो अपने को अमर मानता था, मारा गया। उसका अहंकार चूर-चूर हो गया।

प्रह्लाद नारायण की आराधना करता है, लेकिन इस विचित्र प्राणी से भयभीत भी है। यह विचित्र प्राणी उसके पिता का खून पी जाता है। आकृति 2.9 में नृसिंह का अधिक सौम्य रूप दिखाया गया है। देवताओं को भय था कि अपने हिंसक रूप में नृसिंह दुनिया का नाश कर देंगे, इसलिए लक्ष्मी नृसिंह के सामने प्रकट हो गईं। वे उन्हें शांत करते हुए याद दिलाती हैं कि उनका काम उनकी रक्षा करना है। इस आकृति में नृसिंह को लक्ष्मी के साथ, संरक्षक को आश्रित के साथ, भगवान् को देवी के साथ दिखाया गया है। प्रह्लाद और चार अन्य देवता उनकी आराधना कर रहे हैं। ये चारों देवता संभवत: वैदिक ज्ञान के चार ग्रंथों का प्रतिनिधित्व करते हैं या शायद सांसारिक जीवन के चार लक्ष्यों—धर्म, अर्थ, काम एवं मोक्ष—के प्रतीक हैं।

हिरण्यकशिपु का वर्णन राक्षस के रूप में किया जाता है, लेकिन उसके पुत्र प्रह्लाद को असुर नहीं माना जाता। हालाँकि पिता-पुत्र दोनों असुर हैं, लेकिन लोकप्रिय धारणा के विपरीत, सभी असुर राक्षस नहीं होते। विचार और व्यवहार किसी को भी राक्षस बना सकते हैं। हिरण्यकशिपु अहंकारी है और यह अहंकार ताकत से पैदा होता है। अहंकार में हिरण्यकशिपु यह मान बैठता है कि उसे सभी संभावनाओं का ज्ञान है, कि वह सबकुछ जानता है। लेकिन विद्वान् लोग जानते हैं कि मानव-मस्तिष्क की एक सीमा होती है, इसलिए उसमें ब्रह्मांड का अनंत ज्ञान नहीं समा सकता। नृसिंह की तरह, जो न तो यह हैं और न ही वह हैं या शायद दोनों हैं, दुनिया में बहुत सी चीजें अन्वेषण का इंतजार कर रही हैं।

नृसिंह कुंडली मारे हुए नाग पर बैठे हैं। नाग स्थिरता का प्रतीक है। चेतना की उपस्थिति को समझने के लिए इसी स्थिरता की जरूरत होती है। यहाँ

आकृति 2.10 श्रीकृष्ण से ज्ञान लेते अर्जुन

भगवान् देवी के साथ बैठे हुए हैं, जिसका निहितार्थ यह है कि आत्मा और भौतिक तत्त्व एक साथ होते हैं। उनके पीछे टूटा हुआ खंभा है, जो भौतिक तत्त्व और आत्मा, हमारे शरीर और हमारी आत्मा के बीच विभाजन का प्रतीक है।

आकृति 2.10 में भगवद्गीता सुनाए जाने से पहले के दृश्य की कल्पना की गई है। भगवद्गीता हिंदुओं के सबसे लोकप्रिय धर्मग्रंथों में से एक है। भगवद् गीता का शाब्दिक अर्थ है—भगवान् का गीत। यहाँ भगवान् श्रीकृष्ण का रूप धारण करते हैं और महान् धनुर्धर अर्जुन के सारथि बनते हैं। रणक्षेत्र में अर्जुन का सामना एक कठोर सच्चाई से होता है। वे राज और सिद्धांतों को लेकर लड़ने वाले हैं। इसलिए लड़ाई में उन्हें अपने ही परिवार के लोगों और मित्रों को मारना होगा। और भगवान् उन्हें ऐसा करने के लिए कह रहे हैं। लेकिन अर्जुन ऐसा कैसे कर सकते हैं? वे क्यों अपने ही लोगों को मारेंगे? अर्जुन लड़ने से मना कर देते हैं। वे मार्गदर्शन के लिए श्रीकृष्ण की तरफ मुड़ते हैं। जवाब में श्रीकृष्ण उनसे जो कुछ कहते हैं, उससे उनके ज्ञानचक्षु खुल जाते हैं।

कृष्ण अर्जुन को दुनिया की प्रकृति के बारे में बताते हैं। वे कहते हैं कि आत्मा अनश्वर है और पदार्थ में हमेशा परिवर्तन होता रहता है। यानी जन्म और मृत्यु इस दुनिया की सच्चाई है। प्राणी पैदा होने के लिए ही मरता है। फिर, जीवन का उद्देश्य क्या है? 'गीता' में कहा गया है कि पदार्थ का अस्तित्व हमारा ध्यान आत्मा की ओर खींचता है। वह हमें जीवन-मरण के अकाट्य और अपरिवर्तनशील सिद्धांत से अवगत कराता है। इसकी अनुभूति के लिए हमें जीवन और समाज में अपना रास्ता बनाना पड़ता है। हमें समाज के सदस्य के रूप में अपना काम करना होगा, अपने दायित्व का निर्वाह करना होगा, जिसे हम सही समझते हैं उसके लिए लड़ना होगा और ब्रह्मांड की प्रज्ञा के सामने समर्पण करना होगा। जीवन जीने के लिए है, भागीदारी करने के लिए है। इसका विकल्प पलायन नहीं है। हमें बताया जाता है कि इच्छा से उत्पन्न कर्म हमें जीवन-मरण के निरंतर चलनेवाले पहिए से बाँध देता है। पलायन संभव है, बशर्ते व्यक्ति दिमाग को अनुशासित करे, इच्छाओं पर काबू पाए, निर्लिप्त भाव से कर्म करे, दायित्व का निर्वहण करे, विश्व पर वर्चस्व स्थापित करने की

आकृति 2.11 कृष्ण का विराट् रूप

लालसा से दूर रहे और अहंकार त्याग दे।

श्रीकृष्ण से ज्ञान पाने के बाद अर्जुन उनसे अपना वास्तविक रूप दिखाने के लिए कहते हैं, क्योंकि यह बिलकुल स्पष्ट है कि कृष्ण सामान्य व्यक्ति नहीं हैं। तब कृष्ण उन्हें अपना विश्वरूप दिखाते हैं। इसे विराट् स्वरूप भी कहा जाता है। इसका चित्रण आकृति 2.11 में किया गया है। अर्जुन ने देखा कि श्रीकृष्ण में सारे देवता, सारे असुर, सारे ऋषि और सारे तपस्वी समाहित हैं। वे सूर्य और चंद्रमा हैं, तारे और ग्रह हैं, नदी और अग्नि हैं। वे अतीत, वर्तमान और भविष्य हैं। वे सर्वरूप हैं, सर्वदिशाएँ हैं। वे संभव और असंभव दोनों हैं। अर्जुन देखते हैं कि कृष्ण जीवन का उच्छ्‌वास करते हैं और मृत्यु का निःश्वास लेते हैं। दरअसल पूरा विश्व उनके मुँह से निकलता है।

भगवान् के बारे में हिंदुओं की यही धारणा है। भगवान् सबकुछ हैं। वे सभी चीजों में हैं। वे सभी चीजों के बाहर हैं। वे नर और नारी दोनों हैं। हर चीज भगवान् है, चाहे वह अनुप्राणित हो या अनुप्राणित न हो। मानव, अवमानव और परामानव—सभी भगवान् हैं। भगवान् निराकार हैं, फिर भी सभी रूपों के जरिए अभिव्यक्त किए जाते हैं। हम जो कुछ भी देखते हैं, वह भगवान् है। हम जिस किसी भी चीज की अनुभूति करते हैं, वह भगवान् है। भगवान् हमसे जुदा नहीं है। वह हमारे भीतर और हमारे इर्द-गिर्द रहता है। वह हर जगह मौजूद है। हम पर्यवेक्षक हैं और पर्यवेक्षण यानी जीवन का सृजन करते हैं। इस तरह, हम अपने जीवन से अलग नहीं हैं। हम और हमारा जीवन एक ही है। अद्वैत यही है।

हम भगवान् भी हैं—लेकिन हमने अपने बारे में सच्चाई की खोज नहीं की है। हमारा अहंकार, दुनिया के बारे में हमारी अधूरी समझ और हमारी स्मरण-शक्ति हमें सीमित बना देती है। हमें इन सबसे, स्वयं से मुक्त होने की जरूरत है। भगवद् गीता के अनुसार, यह तभी संभव है जब हम जीवन जिएँ और दुनिया के मान्य नियमों, नैतिकताओं तथा नीति शास्त्रों से संघर्ष करें।

और हमें यह जानना चाहिए कि मरने पर हम फिर से जन्म लेंगे। मरने के बाद हमें दूसरा जीवन मिलेगा, अपनी आँखें खोलने का दूसरा मौका मिलेगा और नई आँखों से एक नई दुनिया देखने को मिलेगी। नई आँखों के साथ चीजों,

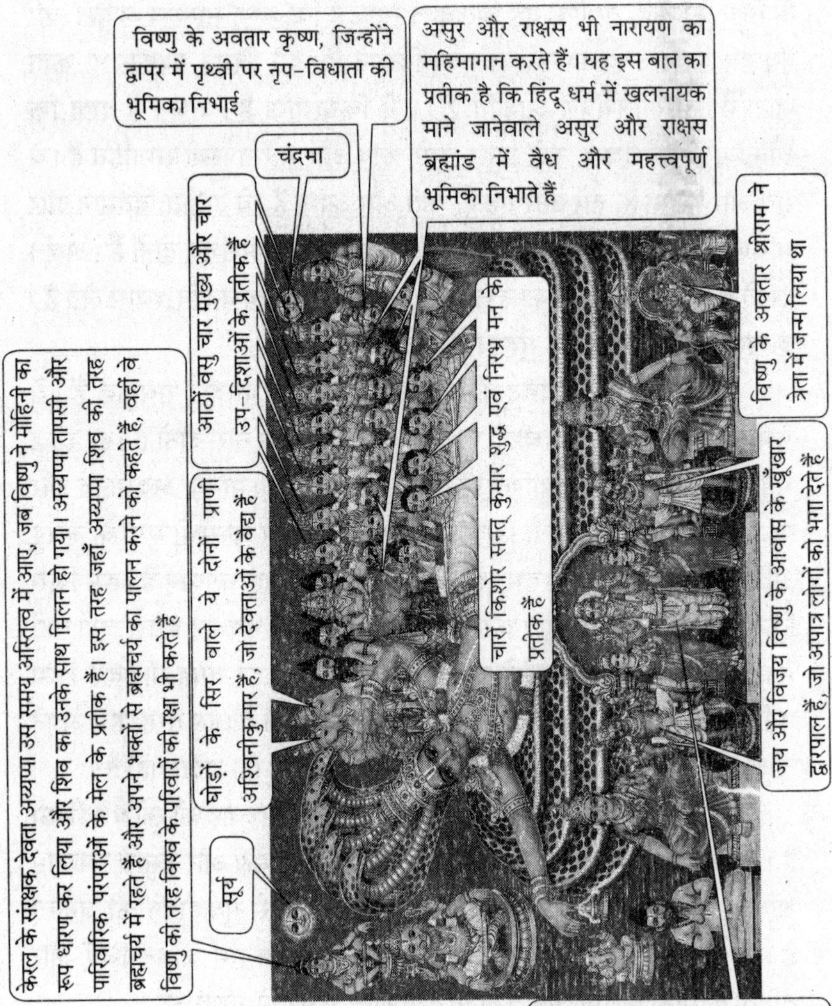

विष्णु के अवतार कृष्ण, जिन्होंने द्वापर में पृथ्वी पर नृप-विधाता की भूमिका निभाई
असुर और राक्षस भी नारायण का महिमागान करते हैं। यह इस बात का प्रतीक है कि हिंदू धर्म में खलनायक माने जानेवाले असुर और राक्षस ब्रह्मांड में वैध और महत्त्वपूर्ण भूमिका निभाते हैं
चंद्रमा
केरल के संरक्षक देवता अय्यप्पा उस समय अस्तित्व में आए, जब विष्णु ने मोहिनी का रूप धारण कर लिया और शिव का उनके साथ मिलन हो गया। अय्यप्पा तापसी और पारिवारिक परंपराओं के मेल के प्रतीक हैं। इस तरह जहाँ अय्यप्पा शिव की तरह ब्रह्मचर्य में रहते हैं और अपने भक्तों से ब्रह्मचर्य का पालन करने को कहते हैं, वहीं वे विष्णु की तरह विश्व के परिवारों की रक्षा भी करते हैं
आठों वसु चार मुख्य और चार उप-दिशाओं के प्रतीक हैं
घोड़े के सिर वाले ये दोनों प्राणी अश्विनीकुमार हैं, जो देवताओं के वैद्य हैं
सूर्य
चारों किशोर सनत् कुमार शुद्ध एवं निरभ्र मन के प्रतीक हैं
विष्णु के अवतार श्रीराम ने त्रेता में जन्म लिया था
जय और विजय विष्णु के आवास के खूँखार द्वारपाल हैं, जो अपात्र लोगों को भगा देते हैं
जाग्रत् अवस्था में नारायण यानी विष्णु अपनी दो पत्नियों भू-देवी और श्री-देवी के साथ। ये दोनों देवियाँ मूर्त और अमूर्त संपत्ति के प्रतीक हैं

आकृति 2.12 नारायण की आद्य निद्रा

नए नियमों और नए पूर्वग्रहों को देखने का नया तरीका भी हासिल होगा। एक बार फिर ब्रह्मा का कमल नारायण की नाभि से निकलेगा, जैसा कि आकृति 2.12 में दिखाया गया है। एक बार फिर लक्ष्मी संरक्षण माँगेंगी। एक बार फिर नारद और तुंबरू लक्ष्मी को पाने के लिए झगड़ेंगे और नारद ईर्ष्या एवं वैर-भाव फैलाएँगे। हम व्यवस्था को बनाए रखने के लिए गरुण पर उड़ेंगे और हनुमान की तरह अपने को अनुशासित करेंगे। नया उद्‌बोधन होगा, नई विश्व व्यवस्था होगी, जिसे दुरुस्त करने के लिए दूसरा अवसर मिलेगा।

हिंदू जीवन-मरण के निरंतर चलनेवाले चक्र में विश्वास करते हैं। उनका मानना है कि यह जीवन अंतहीन जीवन में से एक है। इसलिए नायक बनने की कामना नहीं करनी चाहिए और न ही अपरिहार्यता की भावना होनी चाहिए। चूँकि सभी चीजें नजरिए पर निर्भर करती हैं, इसलिए सभी चीजों में निश्चितता का अभाव होता है। सभी चीजें सापेक्ष, प्रसंगाश्रित और अस्थायी हैं। व्यक्ति उस चीज की कामना करता है, जो सभी संदर्भों में निरपेक्ष, स्थायी और स्वतंत्र है। और वह चीज आत्मा है, जिसके निद्रा में जाने पर विनाश और जागने पर सृजन होता है। वह प्रेक्षण के जरिए विश्व को आकार देती है। जीवन का उद्‌देश्य दुनिया के सृजनकर्ता यानी प्रेक्षक की खोज है।

□

३. अर्द्धनारी का रहस्य

भगवान् निश्चल हैं, देवी गतिमान

आकृति 3.1 त्रिदेव के रूप में भगवान्

हिंदू कलेंडर कला में

हिंदू धर्म में भगवान् निर्गुण या सगुण हो सकते हैं। भगवान् को चाहे किसी भी रूप में दिखाया जाए, वह रूप अधूरा होगा। यदि भगवान् को पौधे के रूप में दिखाया जाए तो उसमें जानवर और खनिज का कोई अस्तित्व नहीं होगा। यदि उन्हें मानव के रूप में दिखाया जाए तो क्या वे पुरुष होंगे या नारी होंगे या दोनों का संयोग होंगे? हिंदुओं के लिए भगवान् कभी एक रूप तक सीमित नहीं रहे हैं। भगवान् की कल्पना पौधों, जानवरों, खनिजों, मानवों (नर एवं नारी) और विभिन्न प्राणियों के संयोग के रूप में की जाती है। ज्यादातर हिंदू भगवान् को तीन मानव जोड़ों के रूप में देखते हैं—ब्रह्मा और सरस्वती, विष्णु और लक्ष्मी, शिव और शक्ति।

आकृति 3.1 में हिंदू नर त्रयी की कल्पना की गई है। ब्रह्मा सृष्टि के सृजनकर्ता हैं, विष्णु पालक हैं और शिव संहारकर्ता हैं। चार सिरों और एक ग्रंथ के साथ ब्रह्मा पुजारी की तरह लगते हैं। चार भुजाओं के साथ विष्णु राजा की तरह लगते हैं। उनके एक हाथ में शंख, दूसरे में चक्र, तीसरे में गदा और चौथे में कमल है। त्रिशूलधारी शिव तपस्वी की तरह लगते हैं।

आकृति 3.2 में हिंदू नारी त्रयी की कल्पना की गई है। लक्ष्मी, सरस्वती और शक्ति क्रमशः समृद्धि, ज्ञान एवं शक्ति की प्रतीक हैं। लक्ष्मी लाल परिधान में हैं और एक कलश लिये हुए हैं; सरस्वती सफेद परिधान में हैं और एक वीणा लिये हुए हैं; शक्ति शस्त्र लिये हैं और सिंह पर सवार हैं।

यदि कोई इन आकृतियों को ध्यान से देखेगा तो पाएगा कि नर त्रयी क्रियाओं से जुड़े हुए हैं। ये क्रियाएँ हैं—सृजन, पालन और संहार। इसके विपरीत नारी त्रयी संज्ञाओं से जुड़ी हुई हैं। ये संज्ञाएँ हैं—ज्ञान, धन और बल। सभी भगवान् कर्ता हैं। वे सृजन कर सकते हैं, पालन कर सकते हैं या संहार कर सकते हैं। देवियाँ निश्चेष्ट हैं। धन, ज्ञान और बल का सृजन किया जा सकता है, उनमें वृद्धि की जा सकती है या उन्हें नष्ट किया जा सकता है। ऐसे में प्रश्न यह उठता है कि क्या आकृति के लिंग का वास्तव में कोई अभिप्राय है? क्या हमें प्रतीक (लिंग) के रूप पर ध्यान केंद्रित करना चाहिए या उनके पीछे के विचारों पर?

यदि हम रूप पर ध्यान केंद्रित करते हैं और यह मान लेते हैं कि रूप व

आकृति 3.2 त्रिदेवियाँ

विचार एक ही हैं तो इसका अर्थ यह है कि आकृति पितृसत्तात्मक है। यानी नर सक्रिय कर्ता हैं और नारी निश्चेष्ट वस्तु हैं। लेकिन इस तरह की व्याख्या युगल—नर/नारी, बलशाली/बलहीन, शोषित/शोषक, मालिक/सेवक—पर आधारित नारीवादी, पितृसत्तात्मक और समाजवादी विचारधारा को ही संतुष्ट कर सकती है।

इन आकृतियों को देखने का एक दूसरा तरीका भी है—रूप के पीछे के विचार पर ध्यान केंद्रित करना। जब हम ऐसा करते हैं तो पाते हैं कि नर त्रयी व्यक्ति या प्रेक्षक का महत्त्व दरशाते हैं। ऐसा व्यक्ति जो कर्ता है, जो हमारे भीतर की आध्यात्मिक सच्चाई को समझता है, प्रतिक्रिया व्यक्त करता है। हम सृजन करते हैं, पालन करते हैं और संहार करते हैं, भले ही हम नर हों या नारी। ऐसे में नारी त्रयी प्रेक्षण के महत्त्व को दरशाती है, जो प्रतिक्रिया के लिए उकसाता है। इस प्रतिक्रिया के फलस्वरूप ही हमारी सृष्टि का निर्माण होता है। यह सृष्टि मन, पदार्थ, विचारों, भावों और अनुभूतियों से बनती है। भगवान् हम सबके भीतर हैं। देवियाँ हम सभी के इर्द-गिर्द हैं। हम धन, ज्ञान और बल का सृजन कर सकते हैं, उसे बनाए रख सकते हैं या नष्ट कर सकते हैं। हम धन, ज्ञान और बल का सदुपयोग या दुरुपयोग कर सकते हैं।

अगला प्रश्न यह है कि आध्यात्मिक विषय के लिए नर रूप का इस्तेमाल क्यों किया जाता है, जबकि भौतिक वस्तु के लिए नारी का इस्तेमाल किया जाता है? इसे समझने के लिए हमें भौतिक सच्चाई और आध्यत्मिक सच्चाई के बीच के अंतर को समझना होगा। भौतिक सच्चाई वह होती है, जो दिक्काल में सीमित होती है, लेकिन आध्यात्मिक सच्चाई को दिक्काल में सीमित नहीं रखा जा सकता। भौतिक सच्चाई का रूप होता है, इसलिए उसे मापा जा सकता है और एक 'कंटेनर' के भीतर रखा जा सकता है। आध्यात्मिक सच्चाई आकारहीन होती है और उसे मापा नहीं जा सकता, इसलिए उसे अंतर्विष्ट नहीं किया जा सकता। उदाहरणार्थ, पुरुष का शरीर अपने बाहर जीवन का सृजन करता है। दूसरी तरफ, महिला के शरीर में जीवन का सृजन होता है। इसलिए नारी रूप को अधिक-से-अधिक आधान, सभी भौतिक चीजों का स्रोत कहा

आकृति 3.3 स्रष्टा ब्रह्मा

जा सकता है। महिला भौतिक तत्त्व का प्रतीक बन जाती है और पुरुष को आध्यात्मिक तत्त्व का प्रतीक बना देती है। दुर्भाग्य से, समाज ने इन प्रतीकों के अर्थ को विकृत कर दिया है और चित्रण सच्चाई बन गई है। हमें यह कहना चाहिए कि स्त्री भौतिक तत्त्व और पुरुष आध्यात्मिक तत्त्व का प्रतिनिधित्व करता है। इसके विपरीत, हम यह कहते हैं कि स्त्री भौतिक तत्त्व है और पुरुष आध्यात्मिक तत्त्व। इससे राजनीतिक और वैचारिक टकराव पैदा होता है। हमें इन विचारों को सही तरीके से व्यक्त करने और मिथक को मिथकशास्त्र से परे समझने की जरूरत है।

हमारी आत्मा या चेतना रचनात्मक (आकृति 3.3 में ब्रह्मा), पोषक (आकृति 3.5 में विष्णु) या संहारक (आकृति 3.7 में शिव) हो सकती है। मस्तिष्क और द्रव्य बौद्धिक हो सकते हैं (आकृति 3.4 में सरस्वती), आर्थिक हो सकते हैं (आकृति 3.6 में लक्ष्मी) या भावात्मक हो सकते हैं (आकृति 3.8 में शक्ति)। आध्यात्मिक यथार्थ या भगवान् को नेति-नेति के जरिए सर्वोत्तम तरीके से अभिव्यक्त किया जा सकता है। भौतिक यथार्थ या देवी को इति-इति के जरिए सर्वोत्तम तरीके से अभिव्यक्त किया जा सकता है।

धन, ज्ञान और बल गरीब-अमीर, सुंदर-कुरूप, सवर्ण-निम्न वर्ण के बीच कोई भेद नहीं करते। एक कटोरा भात राजा की भी भूख मिटा सकता है और गरीब की भी। जो भी व्यक्ति, चाहे वह पुलिसकर्मी हो या चोर, ज्ञान हासिल करना चाहता है, हासिल कर सकता है। बल ऐसे व्यक्ति को मिलता है, जो उसके लायक हो। देवी भेदभाव नहीं करतीं, कोई फैसला नहीं लेतीं।

पुरुष रूप में फैसला लेने की क्षमता होती है। भगवान् समाज के सर्जक, पोषक और संहारक हैं। वे मूल्यों, नीतियों और नैतिकता के मूल स्रोत हैं। देवी को मापा जा सकता है, लेकिन मापक और मापदंड के सर्जक, पोषक और संहारक भगवान् हैं। 'माप' के लिए संस्कृत शब्द माया है—इसीलिए देवी को महामाया कहा जाता है। महामाया का अर्थ है, जिसे मापा जा सकता है और जिसका मूल्यांकन किया जा सकता है। देवी पदार्थ हैं, ऊर्जा हैं। जो उनका प्रेक्षक है, वह विभिन्न रूपों में उनका सृजन करता है, पोषण करता है या संहार करता है।

आकृति 3.4 ज्ञान की देवी सरस्वती

नारायण जब जागते हैं, देवी की अनुभूति इंद्रियों के जरिए की जाती है। शब्दों के इस्तेमाल के जरिए उनका वर्गीकरण किया जाता है, विचारों में उन्हें बाँधा जाता है और मापदंड से उन्हें मापा जाता है। अचानक ही उनका मूल्यांकन किया जाता है। उनके रूप, उनके नाम और उनका मूल्यांकन हमें वशीभूत कर लेते हैं, फाँस लेते हैं, सम्मोहित कर देते हैं, हमारे मनोभावों को आलोड़ित कर देते हैं, हमें सुखी बना देते हैं और हमें उदास कर देते हैं; क्योंकि वे कभी स्थिर नहीं होते। यही वजह है कि बदलते रूपों की इस भौतिक दुनिया को प्राय: माया कहा जाता है। माया का हम महज अनुभव करते हैं। वह बदलती रहती है और हम उसपर नियंत्रण के लिए संघर्ष करते रहते हैं, उसे स्थायी बनाने के लिए प्रयासरत रहते हैं; लेकिन हम अपनी कोशिश में विफल रहते हैं, क्योंकि परिवर्तनशीलता उसकी प्रकृति है।

देवी का अनुभव करने से हम उस चीज की प्रशंसा करते हैं, जो नहीं बदलती और वह चीज है हमारे भीतर का भगवान्, जो स्थिर, निरभ्र, मूक आत्मा होता है। चूँकि हम माया की चंचलता का अनुभव करते हैं, इसलिए हम माया के बारे में महसूस करते हैं, जो मोहिनी का नृत्य देखती रहती है। चूँकि हम प्रकृति को जीवन निगलते-उगलते हुए महसूस करते हैं, इसलिए हम जीवन के खेल के मूक प्रत्यक्षदर्शी पुरुष को पाने की कामना करते हैं।

उपनिषदों में, जिनकी रचना 500 ईसा पूर्व हुई थी, इन दो सच्चाइयों का बार-बार जिक्र आता है—सच्चाई जो बदलती है और सच्चाई जो नहीं बदलती है। एक का अस्तित्व दूसरे के अस्तित्व की ओर संकेत करता है। परिवर्तन में हम स्थायित्व खोजते हैं, चंचलता में हम निश्चलता खोजते हैं, गति में हम जड़ता खोजते हैं। आवाज में हम खामोशी खोजते हैं। दो अनुपूरक सच्चाइयों का विचार हमें इतिहास और भूगोल के जरिए पौधों, पशुओं, ज्यामिति और मानव के तमाम प्रतीकों तक पहुँचा देता है।

सभी पौधे विकसित होते हैं और समय के साथ बदलते हैं, लेकिन कुछ पौधे अन्य की तुलना में तेजी से विकसित होते हैं और तेजी से बदलते हैं। एक तरफ तो बरगद का पेड़ है, जिसका जीवन लंबा होता है। वह छाया मुहैया तो

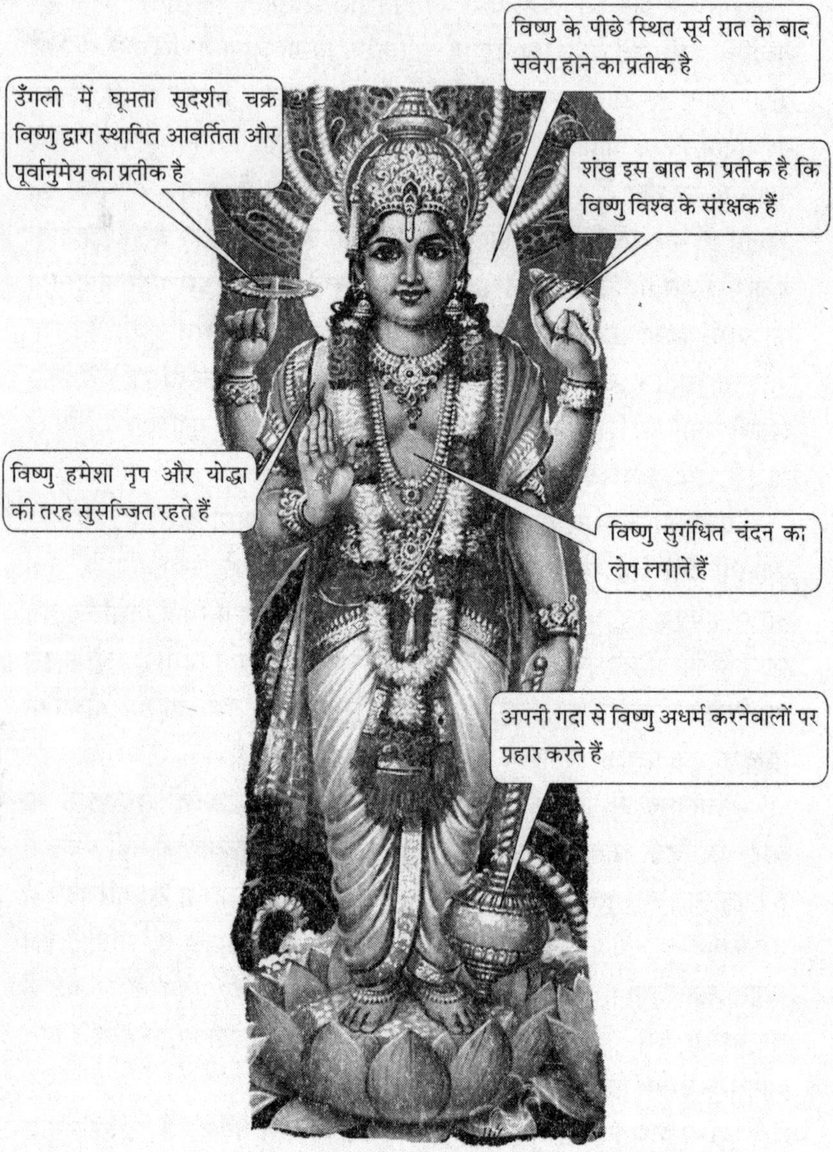

आकृति 3.5 विश्व के संरक्षक विष्णु

कराता है, लेकिन मानव जाति का पेट नहीं भरता। दूसरी तरफ घास और अनाज हैं, जिनका जीवन छोटा होता है। वे छाया तो नहीं देते, लेकिन भोजन मुहैया कराते हैं। पहला अपरिवर्तनशील सच्चाई का प्रतीक है—जब जीवन असह्य हो जाता है तो यह हमें आध्यात्मिक छाया देता है, लेकिन यह जीवन के सृजन और पोषण में असमर्थ होता है। दूसरा परिवर्तनशील सच्चाई का प्रतीक है। यह शरीर का पोषण करता है, लेकिन स्थायित्व या स्थिरता का बोध नहीं कराता। जन्म और शादी से संबंधित हिंदू अनुष्ठानों में तृण, अनाज और केले के पेड़ को बहुत महत्त्व दिया गया है; लेकिन इन अनुष्ठानों में बरगद के पेड़ या उसके पत्ते का कोई चिह्न नहीं होता। परिवार के ढाँचे के बाहर केवल तपस्वी ही उसे महत्त्व देते हैं।

जंतुओं की दुनिया में निश्चल आध्यात्मिक आत्मा और गतिमान भौतिक दुनिया का सर्वोत्तम प्रतिनिधित्व कोबरा करता है। सभी जंतु चलते हैं, लेकिन केवल कोबरा में गतिशीलता और निश्चलता के बीच भेद किया जाता है। कोबरा जब निश्चल होता है, कुंडली मारकर अपना फण उठा लेता है। मैथुन के लिए नर और मादा दोनों को लगातार गतिशील रहना पड़ता है। इस तरह फण काढ़ा हुआ कोबरा—जो तपस्यालीन शिव या निद्रित नारायण से संबद्ध है—अपरिवर्तनशील पारलौकिक सच्चाई का प्रतीक है। दूसरी तरफ, मैथुनरत सर्प परिवर्तनशील लौकिक सच्चाई से संबद्ध उर्वरता का प्रतीक है।

खनिज की दुनिया में निश्चलता का प्रतीक भस्म और बर्फ हैं। किसी चीज को जलाने या नष्ट करने से भस्म का सृजन होता है; लेकिन भस्म को और अधिक नष्ट नहीं किया जा सकता। इस तरह यह स्थायित्व—अपरिवर्तनशील सच्चाई, आत्मा—का प्रतीक है। बर्फ पानी होता है, जो शांत रहता है। भस्म और बर्फ दोनों को तपस्वी शिव से संबद्ध किया जाता है, जो शांति से हिमालय पर बैठे रहते हैं। यदि बर्फ शांत जल है तो नदी बहता हुआ पानी, जिसका सर्वोत्तम प्रतीक परिवर्तनशील सच्चाई, अस्थायी दुनिया है। कोई भी व्यक्ति एक नदी में दो बार कदम नहीं रख सकता, क्योंकि विद्वानों का कहना है कि वह हमेशा बदलती रहती है। शिव आवेश से बहती हुई गंगा नदी

आकृति 3.6 धन की देवी लक्ष्मी

को अपनी जटा में समेटकर शांत कर देते हैं, क्योंकि उसके पास दुनिया को बहा ले जाने की शक्ति है।

ज्यामिति में त्रिकोणों का इस्तेमाल स्थिरता और गतिशीलता दोनों को दरशाने के लिए किया जाता है। ऊर्ध्वाकार शीर्षवाले त्रिकोण का इस्तेमाल स्थायित्व दरशाने के लिए किया जाता है। इसी तरह अधोमुखी शीर्षवाले त्रिकोण का इस्तेमाल गतिशीलता दरशाने के लिए किया जाता है। इसे आकृति 4.16 में अच्छी तरह दरशाया गया है। रंगों में, सफेद स्थिरता का प्रतीक है, क्योंकि यह स्पेक्ट्रम के सभी रंगों को परावर्तित करता है। ज्ञान की देवी सरस्वती (आकृति 3.4) सफेद परिधान पहनती हैं। काला गतिशीलता का रंग है, क्योंकि यह सभी रंगों को अपने में समाहित कर लेता है। लाल संभावित ऊर्जा और हरा प्राप्त ऊर्जा का रंग है। बारिश से ठीक पहले धरती लाल हो जाती है। उस समय उसमें बोए हुए बीज होते हैं। बारिश के बाद धरती हरी हो जाती है। उस समय बीज में जीवन पड़ जाता है और वह फूटकर बाहर निकल आता है। अब लक्ष्मी और दुर्गा पर आएँ। लक्ष्मी (आकृति 3.6) और दुर्गा (आकृति 3.8) लाल रंग के परिधान पहनती हैं, जबकि अन्नपूर्णा (आकृति 1.14) का परिधान हरा है।

अंतरिक्ष में ध्रुव तारा स्थिर है, इसलिए उत्तर दिशा को स्थिरता, प्रज्ञा और अमरता का प्रतीक माना गया। इसी तरह दक्षिण दिशा को परिवर्तन और मृत्यु से जोड़ दिया गया।

शरीर में बायाँ पार्श्व परिवर्तन का प्रतीक है, क्योंकि हमारे स्थिर रहने पर भी हृदय धड़कता रहता है। इसके विपरीत दायाँ पार्श्व स्थिर होता है, इसलिए वह आत्मा का प्रतीक है। चूँकि परिवर्तन अवांछित होता है, इसलिए बायाँ पार्श्व शरीर का अशुभ अंग बन गया। इसके विपरीत स्थिर दायाँ पार्श्व शरीर का शुभ अंग बन गया।

मनुष्यों के बीच, ब्रह्मचारी तपस्वी स्थिर आत्मा का प्रतीक है, जबकि नृत्य करती अप्सरा गतिशील दुनिया का प्रतिनिधित्व करती है। तपस्वी और अप्सरा के बीच निरंतर द्वंद्व चलता रहता है। इसके बावजूद तपस्वी और अप्सरा के बीच

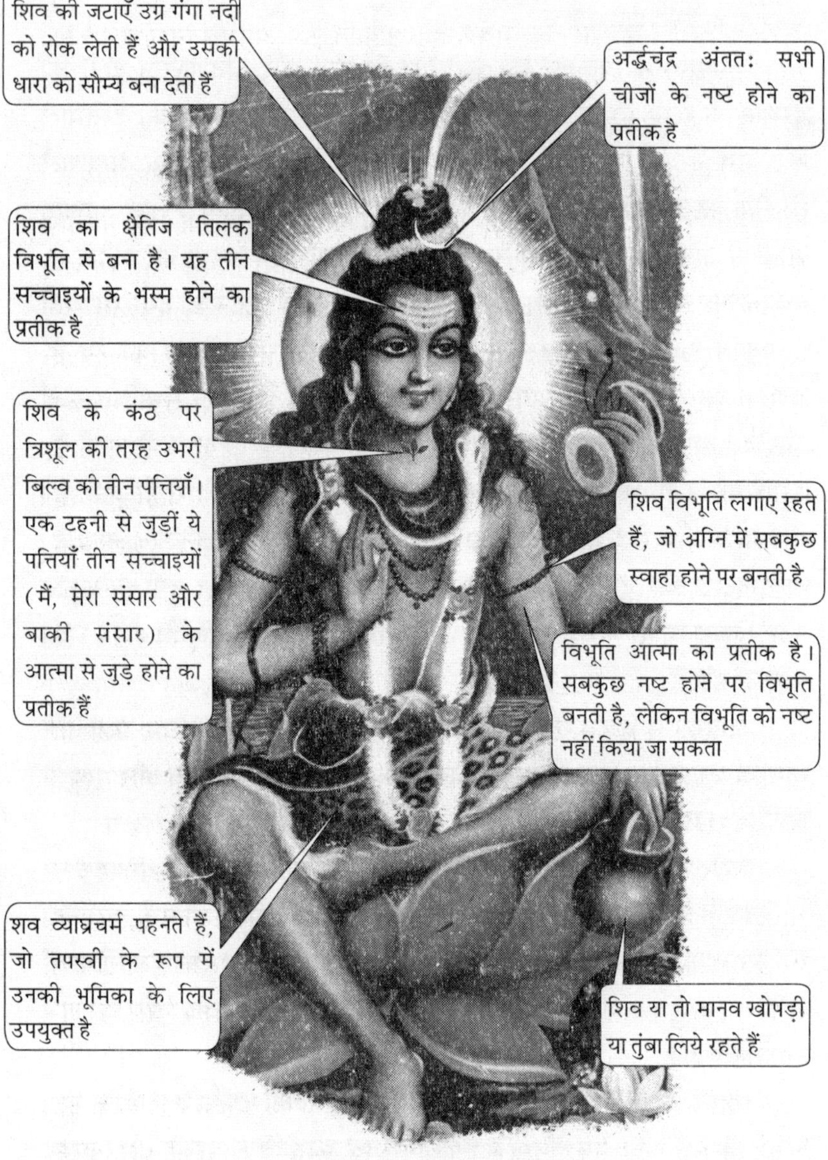

आकृति 3.7 संहारकर्ता शिव

संयोग होने से ही जीवन का सृजन होता है। इस तरह जीवन परिवर्तनशील और अपरिवर्तनशील सच्चाई का मिश्रण है। आकृति 3.9 अपरिवर्तनशील सच्चाई (बाईं तरफ के तपस्वी) और परिवर्तनशील सच्चाई (दाईं तरफ की अप्सरा) के संयोग को दरशाती है।

आकृति 3.9 में दिखाए गए अर्द्धनारीश्वर या भगवान् बहुत लोकप्रिय हैं। इस आकृति को देखकर मनोविश्लेषकों ने निष्कर्ष निकाला कि भारतीय संस्कृति में नारी को बहुत महत्त्व दिया जाता था। नारी देवत्व का अंग थी। दुनिया की संभवत: किसी भी संस्कृति में नारी रूप को देवत्व का अंग नहीं माना जाता था। भारतीय संस्कृति को छोड़ अन्य संस्कृतियों में अर्द्धनारीश्वर की कल्पना तक नहीं की गई है। आकृति को देखकर इस बात की सहज ही कल्पना की जा सकती है कि भारत में लैंगिक द्विधार्यता को बहुत सहजता से लिया जाता था, यानी नारी में पुरुष और पुरुष में नारी का रूप देखा जाता था; लेकिन ये कल्पनाएँ हैं, जो समाज की सच्चाई के बारे में नहीं बतातीं। हाँ, भारतीय संस्कृति में अस्पष्ट लैंगिकतावाले पुरुषों, यानी हिजड़ों को स्थान जरूर दिया गया है; लेकिन वे समाज के हाशिए पर रहते हैं।

दुर्भाग्य से, हम ऐसी दुनिया में रहते हैं, जहाँ लोग विचार की बजाय रूप पर ध्यान देते हैं। हम यह मान लेते हैं कि प्रतिरूप ही यथार्थ है और अर्द्धनारीश्वर को अर्द्धनारी भगवान् के रूप में देखते हैं। हमारी यह धारणा सही नहीं है। दरअसल, ईश्वर आधा भौतिक तत्त्व और आधा आत्मा का संयोग है।

प्रतीकात्मक भाषा में अर्द्ध नर आकारहीन ईश्वर का प्रतीक है, जिसे वेदों में पुरुष, 'विष्णुपुराण' में नारायण और 'शिवपुराण' में शिव कहा गया है। अर्द्ध नारी ईश्वर के सगुण रूप (पुरुष, नारी और नपुंसक रूपों) का प्रतिनिधित्व करती है। नारी रूप को वेदों में प्रकृति, 'विष्णुपुराण' में माया और 'शिवपुराण' में शक्ति कहा गया है।

यह आकृति दिलचस्प है, क्योंकि उसमें एक अर्द्ध नारी ईश्वर है, न कि अर्द्ध पुरुष देवी। धर्मग्रंथों में अर्द्ध पुरुष देवी का कोई जिक्र नहीं है। इस तरह प्रत्यक्ष ईश्वर के समष्टि रूप में एक लैंगिक शक्ति प्रधान है। यह योगी शिव का रूप है।

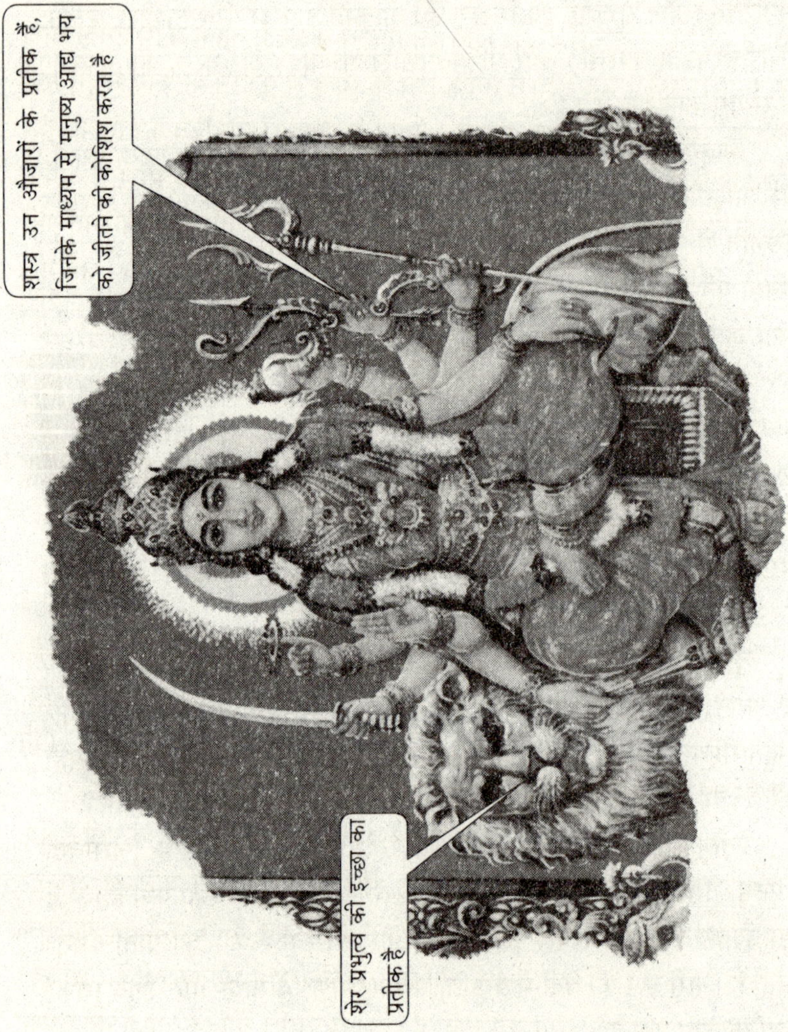

आकृति 3.8 बल, प्रेम और भावों की देवी शक्ति

कहानी इस तरह है—शिव के भक्त भृंगि शिव की परिक्रमा करना चाहते थे, लेकिन उनकी पत्नी पार्वती की नहीं। पार्वती ने भृंगि को शिव की परिक्रमा करने की अनुमति नहीं दी। वे शिव की गोद में बैठ गईं, ताकि ऋषि उनके बीच से न गुजर सकें। जब भृंगि ने उनके सिर के बीच से गुजरने के लिए मधुमक्खी का रूप धारण कर लिया तो पार्वती ने अपने को शिव में समाहित कर लिया। इस तरह वे शिव का बायाँ आधा अंग बन गईं। अब भृंगि ने उनके बीच से अपना रास्ता बनाने के लिए कीड़े का रूप धारण कर लिया। पार्वती इससे विस्मित नहीं हुईं। उन्होंने भृंगि को श्राप दिया कि उनके शरीर का हर अंग अलग हो जाएगा। इसके परिणामस्वरूप भृंगि के शरीर में न तो मांस बचा और न रक्त। वे कंकाल बन गए और सीधे खड़े नहीं हो सकते थे। शिव ने उन पर दया करते हुए उन्हें तीसरा पैर दे दिया, ताकि वे त्रिपादिका की तरह खड़े रह सकें। यह कहानी हर व्यक्ति को याद दिलाती है कि यदि पुरुष ईश्वर के अर्द्धनारी हिस्से का सम्मान नहीं करेगा तो उसे इसकी कीमत चुकानी पड़ेगी। यह दक्षिण भारत के एक तमिल मंदिर की जनश्रुति है।

इस आकृति की एक दूसरी कहानी उत्तर भारत के हिमालयीय क्षेत्र से निकली है। जब पार्वती ने शिव की जटा में गंगा को देखा तो कुपित हो गईं। उन्होंने सोचा कि जब वे अपने पति की गोद में बैठी हैं तो शिव अपने सिर पर दूसरी स्त्री को कैसे बैठा सकते हैं। पार्वती को शांत करने के लिए शिव ने अपने शरीर को अपनी पत्नी के शरीर में मिला लिया।

आकृति में ईश्वर अकेले क्यों हैं? दरअसल, आकृति यह बताती है कि शिव पार्वती के बिना अधूरे हैं। इसका अर्थ यह है कि आध्यात्मिक सच्चाई भौतिक सच्चाई के बिना अधूरी है। लोगों से कहा जाता है कि उन्हें आध्यात्मिक सच्चाई (शिव) की पूजा करनी चाहिए, क्योंकि सभी भौतिक चीजें (शक्ति) हमारा ध्यान अपनी ओर खींच लेती हैं। हमारी प्रवृत्ति भौतिक चीजों की उपेक्षा करने की है। हम विषयासक्ति और प्रलोभन की भर्त्सना करते हैं; लेकिन आकृति में देवी को समुचित सम्मान दिया गया है। इस तरह आकृति हमें यह याद दिलाने की कोशिश कर रही है कि अकेले भौतिक तत्त्व के जरिए

आकृति 3.9 अर्द्धनारी

आध्यात्मिक तत्त्व को हासिल किया जा सकता है। हमारे जीवन में आज भौतिक चीजों का बहुत मूल्य है; लेकिन पवित्र आकृति में भौतिक अर्द्ध को अशुभ माने जानेवाले वाम पार्श्व में जगह देकर उसके मूल्य को गौण बना दिया गया है।

आकृति दर आकृति हम आकृतियों के बाएँ और दाएँ पार्श्व के बीच निरंतर संवाद पाएँगे। यह दरअसल तत्त्व के भौतिक अर्द्ध और आध्यात्मिक अर्द्ध के बीच का संवाद है। गणेश (आकृति 1.17) को हमेशा उनके बाएँ अर्द्ध की तरफ मुड़ी हुई सूँड़ के साथ दिखाया जाएगा। शिव (आकृति 4.13) को हमेशा अपने दाएँ पैर पर खड़ा दिखाया जाएगा और विष्णु को कृष्ण के रूप में हमेशा अपने दाएँ पैर के अँगूठे को चूसते हुए (आकृति 2.7) या दाएँ पैर को बाएँ पैर पर रखे हुए (आकृति 6.21) दिखाया जाएगा। ये आकृतियाँ हमें याद दिलाती हैं कि हमारा जीवन आत्मा और परमात्मा, ईश्वर और देवी के बीच लगातार चलनेवाला संवाद है। किसी भी एक के बिना संवाद अधूरा है।

□

4. शिव का रहस्य

प्रत्याहार से विनाश

आकृति 4.1 संहारकर्ता शिव

आकृति 4.1 में हिमाच्छादित पर्वत पर एक गुफा में व्याघ्रछाला पर बैठे हुए एक तपस्वी को दिखाया गया है। ये शिव हैं, जिन्हें आमतौर पर संहारक के रूप में जाना जाता है। शिव संहार करते हैं, लेकिन वे किस चीज का संहार करते हैं? परंपरागत रूप से संहार को चीजों के नष्ट होने, कोप और क्रोध से जोड़ा जाता है; लेकिन शिव शांत और प्रकृतिस्थ हैं। उनकी आँखें नीचे की ओर झुकी हुई हैं, आधी बंद। ऐसा लगता है कि उनकी रुचि लोगों को दर्शन देने में नहीं है। वे विरक्त हैं। तो वे संहारक कैसे हो सकते हैं?

दरअसल समस्या संहार के बारे में हमारी समझ का है। शिव क्या संहार करते हैं? धर्मग्रंथों में बार-बार कहा गया है कि वे कामांतक, यमांतक और त्रिपुरांतक, यानी काम के संहारक, यम के संहारक और त्रिपुर के संहारक हैं। इसका अर्थ यह है कि शिव इच्छा, मृत्यु और तीनों दुनिया के संहारक हैं।

वे अपने तीसरे नेत्र से ज्वाला निकालते हैं, जो काम को जलाकर भस्म कर देती है। काम वह देवता हैं, जो हमारे भीतर वासना पैदा करते हैं। शिव इच्छा भड़कानेवाले, यानी वासना पैदा करनेवाले का संहार कर देते हैं। शिव किसी चीज की इच्छा नहीं करते। वे यम का भी संहार करते हैं। यम मनुष्य की मृत्यु और उसके पुनर्जन्म पर नजर रखते हैं। वे कर्म का लेखा-जोखा भी रखते हैं। यम का संहार कर शिव कर्म का भी संहार कर देते हैं। यह कर्म ही है, जो जीवन-चक्र को घुमाता है। यम के संहार से मृत्यु नहीं होती, पुनर्जन्म नहीं होता। इस तरह जीवन का पहिया रुक जाता है। काम और यम के संहार के बाद त्रिपुर या तीनों लोकों का संहार होता है। ये तीनों लोक कौन से हैं? वेदों के अनुसार, ये पृथ्वी, वायुमंडल और आकाश हैं। पुराणों के अनुसार, इनके नाम पृथ्वी, पाताल और आकाश हैं। शायद ये लोक यथार्थ नहीं हैं, काल्पनिक हैं। इनकी रचना हमारे विचारों और अनुभूतियों से हुई है। इस तरह तीनों लोक हमारी निजी दुनिया हैं, सार्वजनिक दुनिया हैं। शिव जीवन संबंधी हमारी इच्छाओं का नाश करते हैं, मृत्यु के भय का नाश करते हैं, हमारी इर्द-गिर्द की दुनिया से संबंधित हमारी जरूरतों का नाश करते हैं।

भस्म विनाश के साथ-साथ स्थायित्व का भी प्रतीक है, क्योंकि इसका

आकृति 4.2 शुभचिंतक शंकर

सृजन चीजों के जलने से होता है; लेकिन भस्म को खुद नहीं जलाया जा सकता। इस तरह यह अनश्वर आत्मा का प्रतीक है। भौतिक तत्त्व को जब जलाया जाता है तो उसमें से आत्मा निकलती है। शिव के ललाट पर भस्म की तीन अनुप्रस्थ रेखाएँ हैं। इन रेखाओं को उन तीन लोकों का प्रतीक माना जाता है, जिनका संहार किया गया है। और इनका क्षैतिजाकार होना जड़ता, गतिशीलता का अभाव और विघटन की अवस्था दरशाता है।

शिव का त्रिशूल तीनों लोकों के एक लोक में विघटित होने का प्रतीक है। हिंदू जगत् में सृजन तभी होता है, जब कर्ता और कर्म के बीच विभाजन हो जाता है, जब प्रेक्षक और प्रेक्षण के बीच अलगाव हो जाता है। शिव संहार करते हैं। और वे यह काम कर्ता व कर्म के बीच विभाजन, प्रेक्षक व प्रेक्षण के बीच अलगाव को नष्ट कर करते हैं। इस तरह तीनों लोक एक हो जाते हैं।

लेकिन शिव संहार कैसे करते हैं? अपनी आँखें बंद कर, प्रेक्षक बनने से इनकार कर। इस तरह वे प्रेक्षण का सृजन नहीं करते। यह बाहरी दुनिया से नाता टूटने का संकेत है। शिव कुछ भी नहीं देखते या सुनते हैं। शिव की बंद आँखें संसार, काम, यम और त्रिपुर के प्रति उनकी अनासक्ति की संकेत हैं। वे अपने पीछे खड़े बैल की तरह हैं, जैसा कि आकृति 4.2 में दिखाया गया है—सक्षम, ताकतवर, लेकिन समाज से अलग पूरी तरह से स्वतंत्र। वे संसार से नहीं छिपते; उन्हें संसार की जरूरत नहीं है। गहरी निद्रा में पड़े नारायण की तरह वे आत्मसंतुष्ट हैं। वे सर्वोच्च योगी हैं—शांत और निरभ्र। साँप, जो फण काढ़े उनके गले के चारों ओर लिपटा हुआ है, पर्वत जिस पर वे बैठे हुए हैं और बर्फ, जो उनके चारों तरफ फैली हुई है, बार-बार स्थिरता के भाव का संचार करती है।

कहानियों में शिव को उठे हुए लिंग के साथ नग्न बताया जाता है। चूँकि इस तरह की तसवीर से आम लोगों में असहजता पैदा होती, इसलिए शिव को व्याघ्रचर्म पहना दिया गया है। व्याघ्रचर्म इस बात का प्रतीक है कि शिव मानव-निर्मित कपड़े नहीं पहनते। योगी के रूप में वे वही पहनते हैं, जो प्रकृति उपलब्ध कराती है।

आकृति 4.3 में दरशाया गया शिवलिंग बहुत अधिक जिज्ञासा पैदा करता

लिंग शिव का प्रतीक है, जो भौतिक दुनिया को अर्थहीन पाने के कारण उसे छोड़ना चाहते हैं
योनि शक्ति का प्रतीक है। शक्ति भौतिक दुनिया का मूर्त रूप हैं और शिव को उसमें लिप्त करने की कोशिश करती हैं। शिव शक्ति के माध्यम से इस दुनिया का अर्थ पाते हैं

आकृति 4.3 लिंग–योनि

है। लोग आनन-फानन में यह निष्कर्ष निकाल लेते हैं कि शिवलिंग जनन क्षमता का प्रतीक है। ऐसे में आश्चर्य होता है कि कोई संहारक जनन क्षमता का स्रोत कैसे हो सकता है? इसका सबसे आसान उत्तर यह है कि जो संहारक होता है, वह सर्जक भी होता है। इसका अर्थ यह हुआ कि जो सर्जक है, वह संहारक भी है। ऐसे में ब्रह्मा और शिव को एक ही होना चाहिए। फिर, शिव को क्यों पूजा जाता है और ब्रह्मा को नहीं? जाहिर है, स्रष्टा कुछ ऐसी चीजों की सृष्टि करता है, जिसके कारण उसे पूजा नहीं जाता। इसके विपरीत, संहारक कुछ ऐसी चीजों का संहार करता है, जिसके कारण उसे पूजा जाता है। यहाँ समस्या हमारे दृष्टिकोण पर निर्भर करती है। मान लीजिए, कोई व्यक्ति गणेश के रहस्य (अध्याय 1) को जान लेता है और इस तथ्य को स्वीकार करता है कि विभिन्न लोग दुनिया को विभिन्न नजरिए से देखते हैं। ऐसे में वह इस बात को बेहतर तरीके से समझ सकता है कि स्रष्टा का अर्थ विभिन्न संस्कृतियों में विभिन्न चीजों से होता है। शिव इच्छा और कर्म का संहार करते हैं, इसलिए वे पूजनीय हैं।

शिव के ऊर्ध्व लिंग को उनके बंद नेत्रों के संदर्भ में देखा जाना चाहिए। अपनी पत्नी के बिना अकेले बैठे शिव अपने नेत्रों को बंद कर लेते हैं। यह ऐसी आकृति है, जो तपस्वियों को आकर्षित करती है; लेकिन कैलेंडर आर्ट परिवारों के लिए होता है, जो खुले नेत्रोंवाले शिव को देखना पसंद करते हैं। सो, भक्तों को संतुष्ट करने के लिए कलाकार अर्द्ध-उन्मिल शिव का चित्र बनाते हैं। शिव के बंद नेत्रों का बहुत महत्त्व है। आमतौर पर ऊर्ध्व लिंग को उत्तेजना का प्रतीक माना जाता है। यह इंद्रियजन्य उद्‌दीपन की प्रतिक्रिया है। लेकिन चूँकि शिव के नेत्र बंद हैं, इसलिए उन्हें इंद्रियजन्य उद्‌दीपन की अनुभूति नहीं होती। जाहिर है, उत्तेजना स्वयंभू, स्वत: उद्‌दीप्त है, न कि बाहरी उत्तेजना का नतीजा। यह दरअसल आंतरिक परमानंद का परिणाम है। इस तरह ऊर्ध्व लिंग रस या भौतिक आनंद का कोई काल्पनिक प्रतीक नहीं है, बल्कि आनंद या आध्यात्मिक परमानंद का प्रतीक है, जो आत्मसंतुष्टि से पैदा होता है। इसलिए शिव प्रेक्षण की जरूरत को व्यर्थ बना देते हैं। वे भौतिक दुनिया को न तो महत्त्व देते हैं और न ही उसकी परवाह करते हैं। मिथकीय भाषा में कहें तो उन्हें देवी

आकृति 4.4 शिव के सीने पर काली के पैर

की जरूरत नहीं है; लेकिन सृष्टि नारी के बिना कहाँ संभव है!

जिस तरह दक्षिण के बिना उत्तर का अस्तित्व नहीं है, जिस तरह दाएँ पार्श्व के बिना बाएँ पार्श्व का अस्तित्व नहीं है, जिस तरह गतिशीलता के बिना स्थिरता अर्थहीन है, उसी तरह प्रेक्षण के बिना प्रेक्षक का कोई अर्थ नहीं है। महादेव को महादेवी की जरूरत है। इसलिए संहारक के नेत्र खुलने ही चाहिए। यही वजह है कि महादेवी अपने आदि रूप काली में परिवर्तित हो जाती हैं और शिव के ऊपर नृत्य करती हैं।

आकृति 4.4 में नग्न काली को दिखाया गया है (लोगों की भावनाओं को ध्यान में रखते हुए उनके शरीर के कुछ हिस्सों को ढँक दिया गया है)। पृथ्वी पर उदासीन पड़े शिव के ऊपर वे नृत्य कर रही हैं। शिव की अवस्था प्रयास के अभाव का संकेत है। शिव दुनिया की परवाह नहीं करते। उनके लिए कुछ भी मायने नहीं रखता। दूसरी तरफ काली नग्न, अनलंकृत, शुद्ध और सभ्यता की नजरों से अप्रभावित हैं। वे दिखना चाहती हैं। वे चाहती हैं कि शिव भौतिक सच्चाई का महत्त्व समझें और उसपर ध्यान दें। वे चाहती हैं कि शिव अपने नेत्र खोलें और प्रेक्षक बनें।

काली गतिशील हैं, शिव स्थिर हैं। काली ऊर्ध्वाधर हैं और शिव क्षैतिज। काली दक्षिण में रहती हैं, जहाँ यम के रूप में मृत्यु भी रहती है। शिव उत्तर में रहते हैं—स्थिर ध्रुवतारा, हिमाच्छादित पर्वत की तरह। काली अपने भीतर जीवन का सृजन करनेवाली नारी हैं, जबकि शिव नारी के बिना जीवन का सृजन करनेवाले पुरुष हैं। लेकिन जब तक शिव काली के साथ मैथुन नहीं करेंगे, जीवन का सृजन नहीं होगा। इसलिए, वे शिव के ऊपर बैठ जाती हैं (जैसा कि आकृति 4.5 में दिखाया गया है) और उन्हें अपने भीतर जीवन का सृजन करने के लिए विवश करती हैं। यहाँ देवी के हाथों में वे सभी चीजें हैं, जो काम और यम से संबंधित हैं। गन्ने का धनुष और पुष्प बाण काम से संबंधित हैं तो कुल्हाड़ी और फंदा यम से जुड़े हुए हैं। इस तरह देवी जीवन और मृत्यु को पुनः अस्तित्व में लाती हैं। वे पुनर्जन्मों के पहिए को घुमाती हैं, ताकि लोग एक बार फिर जीने की कामना करें और मृत्यु से डरें। इन दोनों मनोभावों के कारण

आकृति 4.5 अपने सारे ऐश्वर्य में देवी राज-राजेश्वरी

मनुष्य दौलत और ज्ञान के पीछे भागता है। आकृति में लाल परिधान पहने हुए धन की देवी लक्ष्मी और सफेद परिधान पहने हुए ज्ञान की देवी सरस्वती देवी के दोनों तरफ खड़ी हैं। देवी के इस रूप को त्रिपुर सुंदरी कहते हैं, जिनके भीतर तीनों लोकों की सुंदरता है। ये वही तीनों लोक हैं जिनका शिव ने संहार किया था। तीनों लोकों की भस्म शिव के ललाट पर लगी हुई है।

आकृति 4.4 में दिखाई गई देवी आकृति 4.5 में दिखाई गई देवी से बहुत भिन्न हैं। पहली आकृति में वे उग्र, नग्न, काली और हिंसक दिखती हैं और दूसरी आकृति में वे सौम्य, वस्त्रधारी, सुंदर एवं स्नेही लगती हैं। पहली आकृति में शिव अपने नेत्र खोलने से इनकार कर रहे हैं। दूसरी आकृति में उन्होंने अपने नेत्र खोल दिए हैं। पहली आकृति में देवी क्रोध से भरी हुई हैं, क्योंकि आत्मा उदासीन है और दुनिया को मन की अशांति, गर्व, असुरक्षा और अहंकार से बचना होगा। दूसरी आकृति में देवी संतुष्ट हैं, क्योंकि आत्मा उन पर ध्यान दे रही है, मन शांत है और अहंकार गायब है। आकृति 1.1 में दिखाया गया है कि महादेव और महादेवी ने दो पुत्रों—हाथी के सिरवाले गणेश और भालाधारी कार्तिकेय—को जन्म दिया है। गणेश समृद्धि के प्रतीक हैं और कार्तिकेय बल के।

इन दोनों आकृतियों में महादेव का दर्जा महादेवी से नीचे है। कुछ विद्वानों के अनुसार, यह इस बात का संकेत है कि देवताओं के वर्चस्व वाले हिंदू धर्म में शैव और वैष्णव संप्रदाय के विपरीत शाक्त संप्रदाय मातृसत्तात्मक था। बहरहाल, प्रतीकात्मक नजरिए से देखें तो यह एक विचारधारा है, जिसमें भौतिक तत्त्व को उतना ही महत्त्व दिया गया है जितना कि आध्यात्मिक तत्त्व को। इसके अतिरिक्त, एक ऐसे देश में, जहाँ उत्तरोत्तर मठवाद बढ़ता जा रहा था, प्रजनन और पारिवारिक प्रथाओं का बहुत सम्मान किया जाता था।

आकृति 4.6, जिसमें शिव को विवाह करते हुए दिखाया गया है, दक्षिण भारत में बहुत लोकप्रिय है। मंदिरों की दीवारों पर यह आकृति प्रायः पाई जाती है। दुलहन महादेवी हैं और उनकी दाएँ ओर खड़े विष्णु उन्हें रास्ता दे रहे हैं। स्थानीय स्तर पर विष्णु को महादेवी का भाई माना जाता है। विष्णु संरक्षक की भूमिका निभाते हैं। वे जानते हैं कि जब तक शिव तपस्वी हैं, सृष्टि को उदासीनता और विनाश से खतरा है। इसलिए, शिव को किसी भी तरह दुनिया

आकृति 4.6 शिव और शक्ति का विवाह

के प्रति आकर्षित करने और महादेवी से विवाह कराने की जरूरत है। आकृति में शिव सजे-धजे हैं, जिसका अर्थ यह है कि उन्होंने तपस्वी का चोला उतार दिया है। वे शंकर बन रहे हैं और दुनियावी रास्ते पर चलने को तैयार हैं; लेकिन इस तरह मामला हमेशा नहीं था।

आकृति 4.7 में शिव जनश्रुति की विभिन्न घटनाओं को दरशाया गया है, जो शिव के तपस्वी से गृहस्थ बनने की ओर ध्यान खींचती हैं। शिव का पहला विवाह अनर्थकारी साबित हुआ था। उनकी पत्नी सती एक पुजारी दक्ष की पुत्री थीं। शिव जो कुछ थे, सती ने उन्हें उसी रूप में स्वीकार कर लिया था। शिव जहाँ-जहाँ जाते थे, सती भी उनके साथ-साथ जाती थीं; लेकिन सती के पिता ने अपनी बेटी की पसंद को असह्य पाया। शिव का योगी रूप उन्हें नहीं भाता था। इसलिए, जब दक्ष ने एक यज्ञ करने का फैसला किया तो उन्होंने शिव को छोड़ सभी को आमंत्रित किया। सती ने इस अपमान से कुपित होकर, जिस पर शिव ने ध्यान नहीं दिया, यज्ञ में अपनी जान दे दी। इससे क्रुद्ध होकर शिव ने यज्ञ की वेदी को नष्ट करने के बाद अपने श्वसुर का सिर धड़ से अलग कर दिया। यहाँ उन्होंने एक परंपरागत संहारक की भूमिका निभाई। उन्होंने उस सामाजिक व्यवस्था को नष्ट कर दिया, जिसे वे अर्थहीन समझते थे। यह पहली घटना है, जो शिव को किसी बाह्य उत्तेजना पर प्रतिक्रिया व्यक्त करते हुए दिखाती है। सती के साथ रहने के कारण शिव उनका ध्यान रखने लगते हैं। इतना ध्यान कि सती जब हिंसक तरीके से अपनी जान दे देती हैं तो वे गुस्से और प्रतिशोध की भावना से भर जाते हैं। एक तपस्वी के लिए, जिसने अपने नेत्र खोलने से इनकार कर दिया था, यह एक बड़ा परिवर्तन था।

आकृति 4.8 में शिव को सती का शव ले जाते हुए दिखाया गया है। शिव किसी प्रेमी की तरह रो रहे हैं। सती की मृत्यु के बाद शिव एक बार फिर अपनी गुफा में चले गए और सभी देवता उनके विवाह के लिए एक बार फिर षड्यंत्र रचने लगे। उन्होंने इच्छा के देवता काम को शिव पर तीर छोड़ने के लिए भेजा, लेकिन शिव ने उत्तेजित होने की बजाय अपने तीसरे नेत्र की ज्वाला से काम को भस्म कर दिया। सती के कारण कटु अनुभवों से गुजरे शिव एक बार फिर काम के सामने समर्पण करना नहीं चाहते थे।

आकृति 4.7 ध्यानलीन शिव

आकृति 4.8 शिव के हाथ में सती का शव

सती ने पर्वतराज की बेटी पार्वती के रूप में पुनर्जन्म लिया। उन्होंने शिव की प्रार्थना की, कड़ी तपस्या की जिसके कारण शिव को अपनी गुफा छोड़कर उनके सामने आना पड़ा। शिव ने उनसे पूछा, "आप क्या चाहती हैं?" पार्वती ने जवाब दिया, "आपको पति के रूप में पाना चाहती हूँ।" पार्वती की दृढ़ता और भक्ति इतनी महान् थी कि शिव को सहमत होना पड़ा। इस तरह शिव को इच्छा के कारण नहीं, अनुग्रह के कारण महादेवी से जुड़ना पड़ा। पार्वती ने उन्हें शुभचिंतक बनने के लिए प्रेरित किया। इसके साथ शिव गृहस्थ बन गए, शंकर बन गए।

आकृति 4.9 में शिव को वर के रूप में दिखाया गया है, जो अपनी होने वाली पत्नी के घर में जाने के लिए रास्ता बना रहे हैं। योगी होने के कारण वे नहीं जानते थे कि कपड़ा कैसे पहना जाता है या दूल्हे के रूप में बरताव कैसे किया जाता है। वे भस्म लगाए हुए नशे की हालत में आए थे। उनके बारातियों में भूत और पिशाच थे। हिमालयीय क्षेत्र में इस तरह की कई कहानियाँ प्रचलित हैं कि शिव के बारातियों ने किस तरह स्थानीय निवासियों को आतंकित कर दिया था और शिव की तरफ देखते हुए पार्वती की माँ, पर्वतराज हिमालय की पत्नी मीना ने किस तरह अपनी बेटी को अपने फैसले पर पुनर्विचार करने को कहा था। अंततः पार्वती ने शिव सांसारिक राह पर चलने और सजे-धजे दूल्हे के रूप में सामने आने की प्रार्थना की। पार्वती की बात मानकर शिव सोमसुंदर यानी चंद्रमा की तरह सुंदर बन गए और उनसे विवाह किया। यह कहानी हमारा ध्यान इस बात की तरफ खींचती है कि शिव या आत्मा किस तरह सुंदरता और कुरूपता के बीच, मनुष्य और शैतान के बीच, गाय और कुत्ते के बीच भेद नहीं करते। हालाँकि यह एक उत्कृष्ट अवधारणा है, लेकिन सामाजिक ढाँचे में इसका कोई महत्त्व नहीं है। समाज में मानक और मूल्य होते हैं, अच्छा और बुरा होता है, सुंदर और कुरूप होते हैं, सही और गलत होता है। दूसरे शब्दों में, विवेक होता है, लेकिन मानकों के बिना विवेक असंभव है। तपस्वी के लिए ये मानक सांस्कृतिक भ्रांति लग सकते हैं, लेकिन पारिवारिक व्यक्ति के लिए ये सभ्यता के आवश्यक स्तंभ हैं।

आकृति 4.9 वर के रूप में शिव

आकृति 4.10 विषपान करते शिव

आकृति 4.11 यम को रोकते शिव

आकृति 4.12 अपनी जटाओं में गंगा को बाँधते शिव

आकृति 4.10 में शिव की शक्ति दिखाई गई है। यह शक्ति उन्हें विवाह करने से मिली है। देवी ने उनके नेत्र खोल दिए हैं, इसलिए वे दुनिया का विलाप देख सकते हैं। एक बार देवताओं ने अमृत के लिए क्षीरसागर का मंथन किया था। मंथन के दौरान विष भी निकला था, जिससे सारे संसार के नष्ट होने का खतरा पैदा हो गया था। किसी में भी विष पीने की क्षमता नहीं थी। सो, देवतागण शिव के पास गए, जो विष और अमृत के बीच भेद नहीं करते थे। शिव ने देवताओं की प्रार्थना को स्वीकार करते हुए विष को पी लिया और विश्व को बचा लिया। जहाँ तपस्वी शिव विष पी सकते थे, वहीं पारिवारिक शिव को विष पीने की इजाजत नहीं दी जा सकती थी। इसलिए देव ने उनके कंठ को अवरुद्ध कर दिया, जिससे विष कंठ के नीचे नहीं गया। कंठ में विष पड़ा रहा, जिससे वह नीला हो गया। इसलिए शिव को 'नीलकंठ' भी कहते हैं।

अब एक दूसरा उदाहरण लें। आकृति 4.11 में यह दिखाया गया है कि शिव ने अपने एक युवा भक्त मार्कंडेय की प्रार्थना पर यम को उसके प्राण लेने से रोक दिया। मार्कंडेय को 16 वर्ष की उम्र में मरना था, लेकिन शिव ने भगवान् के रूप में अपनी शक्ति का इस्तेमाल करते हुए मार्कंडेय के भाग्य को बदल दिया। स्पष्ट है, भगवान् भाग्य से भी बड़े हैं।

जब गंगा स्वर्गलोक से पृथ्वीलोक पर उतरीं तो शिव ने उन्हें अपनी जटाओं में बाँध लिया। इसलिए पृथ्वी पर गंगा के गिरने का झटका नहीं लगा। फिर शिव ने उन्हें अपनी शिखा से धीरे-धीरे छोड़ना शुरू किया, जैसाकि आकृति 4.12 में दिखाया गया है। गंगा ने पृथ्वी पर जीवन का संचार किया। मृतक को जलाने के बाद जब उसकी भस्म गंगा में प्रवाहित की जाती है तो उसका पुनर्जन्म होता है। गंगा के सकारात्मक पक्ष को देखें तो वे पुनर्जन्म का अवसर उपलब्ध कराती हैं और उनके नकारात्मक पक्ष को देखें तो वे लगातार अपनी धारा बदलकर दुःख फैलाती हैं। गंगा की धारा को नियंत्रित कर शिव प्रतीकात्मक रूप से योगी की भूमिका में आ जाते हैं। योगी उसे कहते हैं, जो अपने मन पर नियंत्रण कर उसे भौतिक तत्त्व का दास नहीं बनने देता।

ये तीनों कथाएँ शिव के शंकर रूप में परिवर्तित होने की ओर संकेत करती हैं। विवाहित होकर वे सांसारिक बन जाते हैं। वे विषपान कर संसार को नष्ट

आकृति 4.13 नटराज के रूप में शिव

होने से बचाते हैं, लंबी उम्र देते हैं और मृतक के पुनर्जन्म लेने में मदद करते हैं। कहते हैं कि एक बार चंद्रमा क्षय रोग से अभिशप्त हो गया, जिसके कारण उसने शिव के सिर पर शरण ले ली। बुझता हुआ चंद्रमा शिव के संपर्क में आने पर फिर से चमकने लगा, क्योंकि शिव सभी शक्तियों के स्रोत हैं। यही वजह है कि शिव के ललाट पर हमेशा अर्द्धचंद्र दिखता है।

आकृति 4.13 में शिव को नृत्य करते हुए दिखाया गया है। इस मुद्रा को तांडव कहते हैं, जिसका अर्थ है—नृत्य का आक्रामक पुरुषोचित रूप। इस रूप में शिव नटराज में परिवर्तित हो जाते हैं। यह विचित्र नृत्य है, जिसे शिव ने एक बार किया था। ऋषियों ने देखा कि शिव नग्नावस्था में ऊर्ध्व लिंग के साथ कहीं जा रहे हैं। ज्यादातर लोगों की तरह ऋषियों ने इस बात पर गौर नहीं किया कि शिव के नेत्र बंद हैं। इसलिए उन्होंने मान लिया कि शिव उनकी पत्नियों को देखकर उत्तेजित हो उठे हैं। ऋषियों ने उन पर हमला करने और उनके प्राण लेने की कोशिश की। जवाब में शिव नृत्य करने लगे। इस नृत्य में उन्होंने अपने दाएँ पैर पर मजबूती से खड़े होकर बाएँ पैर को जमीन के ऊपर उठा लिया। फिर गतिमान बाएँ पैर की तरफ बाएँ हाथ से इशारा किया। जैसाकि अर्द्धनारी के रहस्य (अध्याय 3) में उल्लेख किया जा चुका है, बायाँ पार्श्व भौतिक संसार का प्रतीक है और दायाँ पार्श्व आध्यात्मिक संसार का। शिव एक-पद हैं। एक-पद का अर्थ है, जो एक पैर पर खड़ा होता है। शिव दाहिने पैर पर खड़े हैं। वे दाहिने पैर पर इसलिए खड़े हैं, क्योंकि आध्यात्मिक संसार में रमे रहते हैं। वे दरअसल यह संकेत करते हैं कि भौतिक संसार की प्रकृति को न समझने के कारण ही हमारे भीतर भय और असुरक्षा का भाव पैदा होता है। भौतिक संसार नश्वर है। यह सम्मोहित करती है, यह उदासीन बनाती है। यह रस का सागर है, जिसमें सकारात्मक और नकारात्मक भावों की तूफानी लहरें उठती हैं।

आकृति 4.14 में शिव के पुत्र कार्तिकेय को दिखाया गया है। कहानी इस प्रकार है कि एक दैत्य ने दुनिया को आतंकित कर रखा था। उस दैत्य को केवल छह दिन का बालक ही मार सकता था। इस तरह के शक्तिशाली बालक के सृजन के लिए देवताओं को शिव की मदद की जरूरत थी, जिन्होंने तपस्वी होने के कारण वीर्य का स्खलन कभी नहीं किया था। परंपरागत धारणा के अनुसार,

आकृति 4.14 कार्तिकेय

इस तरह के वीर्य में बहुत शक्ति होती है। सो, बालक के सृजन के लिए शिव का विवाह जरूरी था। विवाह के बाद जब शिव के वीर्य का स्खलन हुआ तो उसमें अग्नि, वायु, गंगा और सरवन ने शक्ति का संचार किया। इस तरह छह सिरोंवाले बालक का सृजन हुआ। छह कृत्तिकाओं ने उसका पालन-पोषण किया और उसे लड़ाई के लिए तैयार किया। बालक होते हुए भी इस दैवी योद्धा ने देवताओं की सेना का नेतृत्व किया और उन्हें जीत दिलाई।

कार्तिकेय के जन्म की कथा गणेश के जन्म की कथा से भिन्न है। गणेश के जन्म की कथा अध्याय 1 में बताई जा चुकी है। कार्तिकेय का जन्म शिव के वीर्य से हुआ है और उनमें छह भौतिक तत्त्वों (अग्नि, वायु, जल, सरवन, कृत्तिका और स्वयं देवी) ने शक्ति का संचार किया था। इसलिए आकृति 4.15 में उनके छह सिर दिखाए गए हैं। गणेश के शरीर की रचना उस हल्दी से हुई थी, जिसका लेप पार्वती ने अपनी त्वचा पर किया था। अंतत: गणेश के धड़ पर शिव ने हाथी का सिर जोड़ दिया, तब जाकर उनकी रचना पूरी हुई। कार्तिकेय और गणेश दोनों ही भगवान् और देवी के संयोग के प्रतीक हैं। कार्तिकेय के सृजन में भगवान् अगुआई करते हैं और गणेश के सृजन में देवी; लेकिन दोनों मामलों में शिव उदासीन रहते हैं। उन्हें पिता बनने के लिए बाध्य करना पड़ता है। इस तरह आध्यात्मिकता खुद अपने को भौतिक जगत् से अलग करना चाहती है, जबकि भौतिक जगत् उसे सम्मोहित करना चाहता है। दोनों के बीच इस टकराव से वह बल उत्पन्न होता है, जो जीवन को चलाता है।

शिव की तरह कार्तिकेय के विवाह के बारे में भी अलग-अलग धारणा है। उत्तर भारत में उन्हें अविवाहित माना जाता है, जबकि दक्षिण भारत में उनकी एक नहीं बल्कि दो पत्नियाँ मानी जाती हैं। यहाँ भी भौतिक जगत्, यानी समाज से जुड़े रहने के लिए विवाह एक रूपक माना जाता है। आकृति 4.15 और आकृति 4.16 में दिखाई गईं कार्तिकेय की पत्नियाँ दक्षिण में बहुत लोकप्रिय हैं। उनके नाम देवसेना और वल्ली हैं। देवसेना इंद्र की बेटी थी और वल्ली एक स्थानीय आदिवासी सरदार की। इस तरह तपस्वी का विवाह आकाश और पृथ्वी से हुआ था। कई मायने में यह संबंध खंडोबा की तरह है, जिनकी पत्नियाँ विभिन्न समुदाय की थीं (आकृति 1.7)। इसी तरह बालाजी ने स्थानीय

आकृति 4.15 सुब्रह्मण्यम के रूप में कार्तिकेय

राजकुमारी पद्मावती से शादी की थी (आकृति 1.8)। इस तरह कार्तिकेय के जरिए ज्ञानातीत आध्यात्मिक शिव का स्थानीयकरण कर दिया गया है और उन्हें दक्षिण की पहाड़ियों में अधिक सुगम बना दिया गया है। दक्षिण में ज्यादातर शिव की पूजा होती है।

उत्तर भारत में कहा जाता है कि कार्तिकेय ने विवाह नहीं किया। कारण स्पष्ट नहीं हैं। जैसी कि जनश्रुति है, अपने भाई गणेश के साथ प्रतियोगिता के बाद गुस्से में कार्तिकेय ने किसी स्त्री, यहाँ तक कि अपनी माँ की तरफ भी न देखने की कसम खा ली। यही वजह है कि उत्तर में कार्तिकेय के कुछ मंदिरों में स्त्रियों का प्रवेश मना है। अपनी माँ से दूर रहने के लिए कार्तिकेय ने अपने पिता का घर भी छोड़ दिया। वे दक्षिण चले गए; लेकिन जल्दी ही उन्हें उत्तर की पहाड़ियों की याद सताने लगी। बेटे की गृहासक्ति को महसूस करते हुए शिव ने हिडिंबा नाम के राक्षस को उत्तर से दक्षिण दो पहाड़ ले जाने का आदेश दिया। ये पहाड़ अब तीर्थस्थल हैं। कहा जाता है कि कार्तिकेय यहाँ रहते हैं। दक्षिण में उनकी पूजा या तो कुमार (अविवाहित) या फिर सुब्रह्मण्यम (विवाहित देवता) के रूप में की जाती है।

आकृति 4.16 में आड़े-तिरछे दो त्रिभुजों को दिखाया गया है। यह भौतिक और आध्यात्मिक तत्त्वों के संयोग का ज्यामितीय प्रतीक है। ऊर्ध्व शीर्षवाला त्रिभुज स्थिरता, शांति और भगवान् का प्रतीक है। अधो शीर्ष वाला त्रिभुज—झरने की तरह—अस्थिरता, गतिशीलता और देवी का प्रतीक है। जब वे अलग होते हैं तो शिव के डमरू की तरह दिखते हैं (देखें आकृति 4.1), लेकिन जब वे जुड़ जाते हैं तो छह शिराओंवाले तारे की शक्ल ले लेते हैं। आकृति 4.5 में इस तरह के कई तारे देवी के नीचे दिखाए गए हैं। इन्हें यंत्र या आध्यात्मिक विचारों का ज्यामितीय रूप कहा जाता है।

आकृति 4.17 में यह ज्यामितीय रूप तीन आयाम धारण कर लेता है। इस आकृति में शिवलिंग दिखाया गया है। ऊपर की तरफ निकले हुए स्तंभ के पीछे वही धारणा है, जो कि ऊर्ध्व शीर्षवाले त्रिभुज की है। दोनों ही शिव के ऊर्ध्व लिंग के प्रतीक हैं, क्योंकि शिव धरती पर पट लेटे हुए हैं। नीचे की द्रोणिका, जिस पर स्तंभ खड़ा है, अवधारणात्मक रूप से अधो शीर्षवाले त्रिभुज की तरह

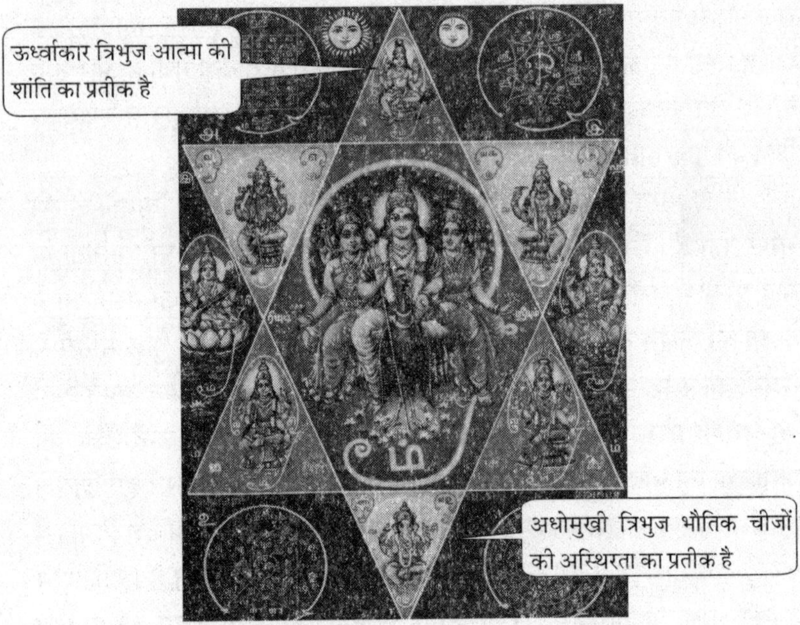

आकृति 4.16 पुरुष के रूप में कार्तिकेय अपनी दो पत्नियों के साथ

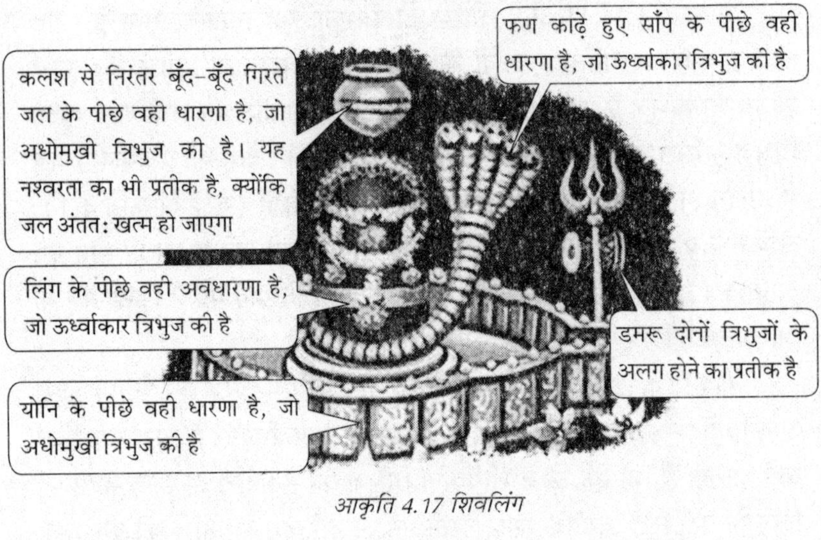

आकृति 4.17 शिवलिंग

है। ये दोनों ही देवी के गर्भाशय के प्रतीक हैं, क्योंकि देवी शिव के ऊपर बैठी हुई हैं, जैसाकि आकृति 4.4 और 4.5 में दरशाया गया है। इस तरह यह तत्त्व के परिवर्तनशील रूप (अधो शीर्षवाले त्रिभुज/योनि) और आत्मा के अपरिवर्तनशील रूप (ऊर्ध्व शीर्षवाले त्रिभुज/लिंग) का संयोग है।

गोल पेंदीवाला पात्र शिवलिंग के ऊपर टँगा रहता है। पेंदी में एक छेद होता है, ताकि जल निरंतर टपकता रहे। यह इस बात का प्रतीक है कि भौतिक जीवन गतिशील है और जीवन पात्र से टपकते जल की तरह कम होता जाता है। इसलिए हमें इस सीमित समय का सदुपयोग आत्मा और भौतिक तत्त्व की सच्चाई को खोजने तथा यह समझने में करना चाहिए कि उनके संयोग से किस तरह सृजन होता है और पृथक् होने से विनाश।

□

5. देवी का रहस्य

इच्छा और प्रारब्ध से जीवन का सृजन

आकृति 5.1 कन्याकुमारी

आकृति 5.1 में माला लिये हुए एक युवती को दिखाया गया है, जो वर की प्रतीक्षा कर रही है। ये कन्याकुमारी यानी कुँवारी देवी हैं, जिनका मंदिर भारत के दक्षिणी छोर पर है। इनकी कथा इस प्रकार है—कन्याकुमारी उत्तर में हिमाच्छादित पर्वत पर रहनेवाले तपस्वी शिव से विवाह करना चाहती थीं। विवाह का समय इस तरह निश्चित किया गया कि शिव एक रात में उत्तर से दक्षिण पहुँच जाएँ; लेकिन शिव के दक्षिण पहुँचने से पहले देवताओं ने एक मुरगे का सृजन कर दिया। मुरगे ने जब बाँग लगाई तो शिव ने सोचा कि सुबह हो गई है और विवाह का शुभ मुहूर्त निकल गया है। सो, वे बीच रास्ते से लौट गए। कन्याकुमारी दुलहन के वेश में सजी-धजी उनका इंतजार करती रहीं, लेकिन दूल्हा नहीं आया। विवाह के लिए बना सारा भोजन बेकार हो गया। गुस्से में देवी ने बरतनों को लात मार दिया और अपना शृंगार पोंछ डाला। यही वजह है कि भारत के दक्षिणी छोर पर समुद्र और बालू के विविध रंग हैं। देवी के पास बहुत शक्ति थी, इतनी शक्ति कि उसपर विवाह और मातृत्व से ही नियंत्रण हो सकता था। देवी बिना दूल्हे के रहने लगीं। तब देवताओं ने उनसे राक्षसों के नाश के लिए प्रार्थना की। यह कहानी हमारा ध्यान देवी की शुद्ध ऊर्जा की ओर आकर्षित करती है। यदि उनका विवाह हो जाता तो वे अपनी शक्ति का प्रयोग परिवार के लिए करतीं। अविवाहित रहने पर उन्होंने अपनी शक्ति का प्रयोग संसार की रक्षा के लिए किया। जैसाकि अर्द्धनारी का रहस्य (अध्याय 3) में बताया जा चुका है, देवी भौतिक संसार की प्रतीक हैं। हम अपनी ज्ञानेंद्रियों के जरिए भौतिक संसार का ही अवलोकन करते हैं। हम इस दुनिया को माँ के रूप में देखना चाहते हैं, ताकि वह हमें खिला सके; हम इस दुनिया को योद्धा के रूप में देखना चाहते हैं, ताकि वह हमारी रक्षा कर सके। सो, देवी और उनके विभिन्न प्रतिरूप माँएँ और योद्धा हैं, जो स्नेही भी हैं और भयावह भी। कुलदेवी और ग्रामदेवी इन प्रतिरूपों के उदाहरण हैं।

आकृति 5.2 में एक ग्रामदेवी को दिखाया गया है। आकृति में केवल उनका सिर दिखता है। उनका धड़ गाँव है। गाँववासी उनके ऊपर रहते हैं। ग्रामदेवी अन्नदाता हैं। ग्रामवासी उनसे प्रेम भी करते हैं और डरते भी हैं। वे

आकृति 5.2 ग्राम-देवी

आकृति 5.3 ग्राम-देवी का उग्र रूप

जानते हैं कि पारिवारिक जीवन (यानी बाग-बगीचे और खेत) के नीचे घुप अँधेरा (यानी जंगल) है। यदि ग्रामदेवी अप्रसन्न हो गईं तो वे अपना गुस्सा दिखाने के लिए जंगल के जरिए गाँव को नष्ट कर सकती हैं। ऐसा बीमारी और मृत्यु के रूप में घटित हो सकता है। जब किसी स्त्री का गर्भपात होता है, जब कोई महामारी फैलती है या बच्चे भारी बुखार से तपते हैं तो पूरा गाँव इसे देवी का प्रकोप मानता है।

कोई गाँव, कोई खेत, कोई फलोद्यान तब तक अस्तित्व में नहीं आ सकता जब तक कि हम पारिस्थितिक तंत्र को नष्ट नहीं करेंगे, जब तक हम जंगल के पेड़ नहीं काटेंगे, जब तक जमीन को नहीं जोतेंगे, चट्टानों को नहीं तोड़ेंगे, नदियों को दिशा नहीं देंगे। ये हिंसक प्रक्रियाएँ हैं, जिसके जरिए हम पृथ्वी पर जबरदस्ती नियंत्रण करते हैं। हम पृथ्वी पर नियंत्रण क्यों चाहते हैं? हम नियंत्रण इसलिए करते हैं, क्योंकि हम ऐसा कर सकते हैं, क्योंकि हम मनुष्य हैं, क्योंकि ऐसा करने की हमारे भीतर क्षमता है और हम इस क्षमता का इस्तेमाल इसलिए करते हैं, क्योंकि हम बेहतर जीवन की इच्छा रखते हैं, जहाँ हम अपने अस्तित्व के लिए प्रकृति पर निर्भर न रहें।

स्पष्ट है, इच्छा के कारण मनुष्य और अन्य के बीच संबंध बनता है। इच्छा जरूरत और लालच दोनों को संतुष्ट कर सकती है और दोनों मामलों में प्रकृति का दोहन होता है। मनुष्य रोटी, कपड़ा और मकान के लिए प्रकृति का दोहन करता है। वह देवी से प्रार्थना करता है कि वे परिवार-प्रेमी बनकर माँ की भूमिका निभाएँ; लेकिन वह यह भी जानता है कि देवी हिंस्र व खतरनाक हैं और किसी भी समय उसे तबाह कर सकती हैं। आकृति 5.3 में दक्षिण भारत की एक ग्रामदेवी को दिखाया गया है। उनके पैरों के नीचे एक राक्षस मुँह के बल पड़ा हुआ है। यह राक्षस कौन है?

हालाँकि कोई भी इसे स्वीकार नहीं करेगा, लेकिन यह राक्षस मनुष्य है, जो स्वयं के बसने के लिए प्रकृति को नष्ट करना चाहता है। यहाँ इस राक्षस को विशिष्ट मूर्त रूप दिया गया है। यह मनुष्य का वह हिस्सा है, जो जंगल पर वर्चस्व स्थापित करना चाहता है और देवी को अपनी दासी। वह बुरा बेटा है।

आकृति 5.4 लक्ष्मी

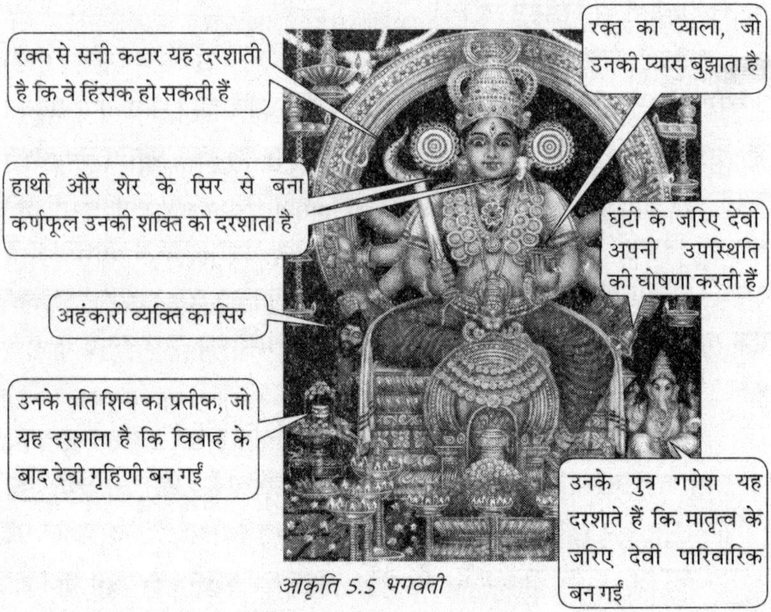

आकृति 5.5 भगवती

उसके साथ देवी भी बुरी और उग्र बन जाती हैं। अच्छा बेटा देवी की पूजा करता है। उसके साथ देवी भी अच्छी माँ बन जाती हैं—खुशी और उदारता से भरपूर। वे आकृति 5.4 में दिखाई देवी बन जाती हैं। ये लक्ष्मी हैं, पृथ्वी की समृद्धि और उदारता की प्रतिमूर्ति। ये आकृति 5.2 और आकृति 5.3 की देवी से भिन्न हैं। इसका अर्थ यह है कि इनका स्थानीयकरण नहीं हुआ है। ये व्यापक आध्यात्मिक सोच की प्रतीक हैं।

लक्ष्मी समृद्धि और धन-दौलत की देवी हैं। श्री के रूप में वे हमारे जीवन में ऐश्वर्य लाती हैं, रंक को राजा बनाती हैं। भू के रूप में वे सौम्य पृथ्वी हैं और अपनी सभी संतानों को घर तथा आश्रय उपलब्ध कराती हैं। इस आकृति में वे कमल के फूल पर बैठी हैं, जो जीवन के आनंद से निकलनेवाली सभी अच्छी चीजों का प्रतीक है। उनके अगल-बगल समृद्धि और शक्ति के प्रतीक सफेद हाथी हैं, जो केवल सर्वोत्तम राजाओं के लिए सुरक्षित हैं। पृष्ठभूमि में निजी संपत्ति का एक पात्र है, जो किसी नदी या तालाब के विपरीत सारे धन का स्रोत है। यह पात्र एक पवित्र शिल्प-कृति है, जो सीमाओं के भीतर पड़े धन का प्रतीक है। यह प्रकृति का सर्वसुलभ धन नहीं है। यह वह धन है जिस पर मनुष्य ने अपना दावा किया है।

लक्ष्मी के चारों ओर पौधे हैं, जो मनुष्य की भूख मिटाते हैं और उसकी इंद्रियों को सुख पहुँचाते हैं। नारियल और केले के पेड़ों को अधिक देखभाल की जरूरत नहीं पड़ती; लेकिन वे सभी को पोषण मुहैया कराते हैं, इसलिए उन्हें पवित्र पौधा माना जाता है। वे सर्वसुलभ हैं और निवेश पर भारी लाभ देते हैं। पात्र में रखी आम की पत्तियाँ उस मीठे फल की याद दिलाती हैं, जो गरमियों को सह्य बना देता है। पात्र के नीचे रखी पान की पत्ती खाना खाने के बाद चबाई जाती है। यह पाचन-शक्ति को बढ़ाती है और कामोत्तेजक के रूप में भी काम करती है। इस तरह ये पौधे समृद्धि और सुख के प्रतीक हैं। मनुष्य देवी की या तो उनके स्थानीय रूप (आकृति 5.3) या फिर वैश्विक रूप (आकृति 5.4) में कल्पना कर सुख व समृद्धि ही तो चाहता है।

आकृति 5.5 में दिखाई गई देवी एक तरह से आकृति 5.3 और आकृति

चंद्रमा समय के साथ खत्म हो जानेवाली भावनाओं को दरशाता है
ईख से बना कामदेव का धनुष, जिससे वे इच्छाओं के बाण चलाते हैं
कुल्हाड़ी भौतिक व आध्यात्मिक सच्चाई के पृथक् होने का प्रतीक है
ईख भौतिक जीवन के मिठास को दरशाती है
बाण, जो इंद्रियों और मन को उत्तेजित करते हैं
फंदा, जिससे मनुष्य को तब तक बाँधे रखा जाता है जब तक कि वह अपने कर्मों का फल नहीं पाता

आकृति 5.6 कामाक्षी

5.4 की देवियों का संयुक्त रूप हैं। ये केरल राज्य की एक स्थानीय देवी हैं, जो भगवती के रूप में जानी जाती हैं। पहली नजर में देवी भेदक दाँतों और खून से सनी कटार के साथ भयंकर लगती हैं। वे हिंस्र देवी हैं, जो राक्षसों का वध करती हैं और उनका रक्तपान करती हैं। लेकिन फिर हम देखते हैं कि उनके दाईं ओर उनके पति का प्रतीक शिवलिंग है और बाईं ओर उनके पुत्र हाथी के सिरवाले गणेश हैं। इस तरह वे पार्वती का रूप हैं। वे शक्ति का स्थानीय रूप हैं।

आकृति 5.6 में देवी को कामाक्षी के रूप में दिखाया गया है। उनके इर्द-गिर्द गन्ने के पौधे हैं। भारत में गन्ना प्रेम का प्रतीक है। यह इच्छा और कामुकता, इंद्रिय-सुख के सभी रूपों का भी प्रतीक है। कामाख्या के हाथ में कमल का फूल है। ये प्रेम के देवता काम के अस्त्र हैं। तोते पर सवार काम अपने गन्ने का धनुष उठाते हैं, मधुकर से बनी प्रत्यंचा चढ़ाते हैं और फूलों से बने बाण चलाते हैं। पुष्प-बाण मन में हलचल मचा देते हैं, हृदय को उत्तेजित कर देते हैं, मन को सपनों और काम-वासना से भर देते हैं। इच्छा के देवता काम को विघटनकारी बल माना जाता है, इसलिए हिंदू उनकी पूजा नहीं करते; लेकिन जब देवी उनके प्रतीकों—गन्ने के धनुष और पुष्प-बाण को अपने हाथों में लेती हैं तो यह मानना पड़ता है कि काम का अस्तित्व है।

हिंदू धर्म में इच्छा का महत्त्वपूर्ण स्थान है। ऋग्वेद में कहा गया है कि सृष्टि इसलिए अस्तित्व में आई, क्योंकि स्रष्टा के हृदय में सृजन की इच्छा पैदा हुई। दुनिया में रहकर ही मनुष्य की इच्छाएँ पूरी होती हैं। दुनिया से धन, ज्ञान और बल मिलता है। मनुष्य देवी से सारी चीजें प्राप्त कर सकता है, लेकिन देवी भी इसके बदले में उससे कुछ माँगती हैं। वे भले ही कर्म, प्रेक्षण हों, लेकिन वे कर्ता, प्रेक्षक की माँग करती हैं। यह कर्ता उनसे वर्चस्व की भाषा के साथ नहीं, बल्कि प्रेम की भाषा के साथ आबद्ध होगा।

देवी अपनी ऊपरी दो भुजाओं में एक कुल्हाड़ी और एक फंदा लिये हुए हैं। कुल्हाड़ी मृत्यु और विभाजन का प्रतीक है। कुल्हाड़ी जान से मार डालती है और शरीर को आत्मा से अलग कर देती है; लेकिन फंदा जोड़ता है—यह शरीर को आत्मा से जोड़ता है। यह सभी प्राणियों को उनकी नियति से जोड़ता है।

आकृति 5.7 दुर्गा और उनका परिवार

कोई भी प्राणी नियति से नहीं भाग सकता। यहाँ तक कि मृत्यु भी नियति से छुटकारा नहीं दिला सकती। जब तक हम अपने कर्मों को नहीं भोग लेते, नियति का फंदा हमें दूसरा जीवन जीने के लिए मजबूर करता है। यही वजह है कि हम बार-बार पुनर्जन्म लेते हैं। हम अपने शरीर और अपनी आस-पास की परिस्थितियों के साथ जीने के लिए अभिशप्त हैं। हम नर बनेंगे या नारी, यह फैसला करना हमारे हाथ में नहीं है। हमारा परिवार संपन्न होगा या गरीब, स्नेही होगा या कठोर, यह भी हमें चुनने का अधिकार नहीं है। भाग्य की लहरों पर डूबने-उतराने के अलावा हमारे पास कोई विकल्प नहीं है।

हिंदू धर्म में भाग्य पर मृत्यु के देवता यम निगरानी रखते हैं। यम भैंसा की सवारी करते हैं और अपने हाथ में फंदा लिये रहते हैं। वे एक बही रखते हैं, जिसमें हमारे कर्मों का पूरा लेखा-जोखा होता है। हर कर्म से हम या तो पुण्य कमाते हैं या फिर पाप। हम या तो पुण्य का सुख उठाते हैं या फिर पाप भोगते हैं। जब तक हमारी बही में हिसाब-किताब बराबर नहीं हो जाता, तब तक यम हमें अपने फंदे से बाँधे रखते हैं। आकृति 5.7 में देवी एक राक्षस का वध कर रही हैं। यह राक्षस भैंसा भी है। क्या देवी भाग्य पर निगरानी रखनेवाले यम का वध कर रही हैं? क्या वे हमें अपनी नियति से छुटकारा दिला रही हैं, ताकि हम अपनी इच्छाओं को पूरा कर सकें? इन प्रश्नों का स्पष्ट उत्तर कभी नहीं दिया गया है।

आकृति 5.7 में दिखाई गई देवी दुर्गा हैं। ये शक्ति का सबसे लोकप्रिय रूप हैं। इनकी कहानी 'देवी भागवत' में दी हुई है। ये प्रेम और शक्ति दोनों की देवी हैं। उनका चेहरा किसी दुलहन जैसा है, लेकिन वे अपने हाथों में शस्त्र लिये हुए हैं। दुलहन के रूप में वे प्रेम की प्रतीक हैं, योद्धा के रूप में वे शक्ति हैं। दुलहन के रूप में वे इच्छाओं की पूर्ति करती हैं, जबकि योद्धा के रूप में वे भाग्य पर नियंत्रण करती हैं। अपने हथियारों से वे हमारी रक्षा करती हैं, हमें खिलाती हैं, सुरक्षित रखती हैं, हमारा पोषण करती हैं। इस तरह वे शक्ति और प्रेम दोनों का मूर्तरूप हैं और हमारा ध्यान रखती हैं। यही वजह है कि उन्हें 'माँ' कहा जाता है। आकृति 5.7 में लक्ष्मी और सरस्वती को दुर्गा की बेटियों के रूप में दिखाया

आकृति 5.8 वैष्णो देवी

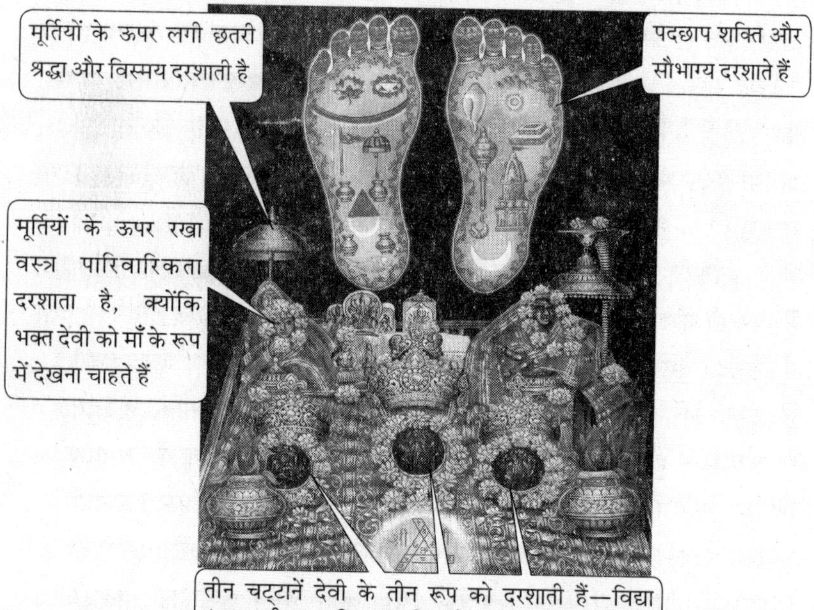

आकृति 5.9 वैष्णो देवी का मंदिर

गया है। स्पष्ट है, शक्ति और प्रेम से धन और ज्ञान मिलता है।

दुर्गा जंगल के राजा शेर की सवारी करती हैं। शेर जंगल का सबसे शक्तिशाली जानवर होता है। आकृति 5.8 में दुर्गा बाघ पर सवार हैं। वे बाघों को पालतू बनाती हैं और अपनी शक्ति का प्रदर्शन करती हैं। दुर्गा का अर्थ है—जिसे जीता नहीं जा सकता। इस तरह वे अपराजेय हैं। लाक्षणिक रूप से कहा जाए तो शक्ति महज भौतिक दुनिया नहीं है, जिसे हम अपने आस-पास देखते हैं। शक्ति हमारा मन भी है। हमारा मन प्रकृति में वहशी और उन्मुक्त है, लेकिन बेहतर जीवन के लिए हम अपनी इच्छाओं को मूल्यों और नियमों के जरिए अनुशासित कर अपने मन पर नियंत्रण करते हैं। धर्मग्रंथों में मन और मस्तिष्क के बीच भेद किया गया है, क्योंकि मन चंचल है और आत्मा शांत। मन प्रबल और कोमल हो सकता है। वह वर्चस्व या प्रेम चाहता है। आत्मा वर्चस्व और प्रेम का प्रत्यक्षदर्शी है।

आकृति 5.7 में वैश्विक दुर्गा के हाथों मारा जानेवाला वैश्विक राक्षस आकृति 5.3 में स्थानीय ग्रामदेवी के हाथों मारा जानेवाला स्थानीय राक्षस है। यह राक्षस भूल जाता है कि दुर्गा कौन हैं, शक्ति कौन हैं। वह प्रेक्षक मन है, जो यह भूल जाता है कि दुर्गा माँ और दुलहन की तरह सबकुछ उपलब्ध कराती हैं और उसे दास बनाना चाहती हैं। कुछ विद्वानों ने इस राक्षस की पहचान अहंकार के रूप में की है, जो शक्ति व वर्चस्व की कामना करता है। यह लोगों का ध्यान और प्रशंसा चाहता है। अन्य लोगों का कहना है कि यह राक्षस विस्मरणशीलता का दैत्य है, जो हमें देवी की सही प्रकृति के बारे में विस्मृत कर देता है।

भारत के कई हिस्सों में देवी जिस राक्षस का वध करती हैं, वह उनका संरक्षक भैरव बन जाता है। वैष्णो देवी की कहानी में, जिनकी कल्पना आकृति 5.8 में मानव के रूप और आकृति 5.9 में तीन शैल के रूप में की गई है, वे एक तपस्वी की काम-वासना से बचने की कोशिश कर रही हैं। जब तपस्वी उनका पीछा करने से बाज नहीं आता है तो वे क्रोध में पीछे मुड़ती हैं, भयानक योद्धा का रूप धारण कर लेती हैं और उसका सिर काट देती हैं। कामुक तपस्वी पश्चात्ताप करता है और उनका भक्त तथा संरक्षक (भैरव) बन जाता है। भैरव

आकृति 5.10 महाविद्याएँ, जो एक साथ मिलकर देवी का प्रतिनिधित्व करती हैं

का मंदिर वैष्णो देवी के मंदिर से ज्यादा दूर नहीं है। वैष्णो देवी के दर्शन करनेवाले भक्त भैरव के मंदिर में भी जाते हैं। इस तरह जो लोग देवी पर काबू पाने की कोशिश करते हैं, वे देवी के सामने समर्पण भी कर सकते हैं। दूसरे शब्दों में, जो लोग इच्छाओं के पीछे भागते हैं, उन्हें नियति के सामने समर्पण करना पड़ सकता है।

आकृति 5.8 में यह भी दिखाया गया है कि देवी की रक्षा हनुमान करते हैं। कथा कुछ इस प्रकार है—जब विष्णु ने श्रीराम के रूप में पृथ्वी पर अवतार लिया तो देवी ने भी सीता के रूप में जन्म लिया। राम, सीता और लक्ष्मण के वनवास के दौरान रावण ने सीता का अपहरण कर लिया। हनुमान ने सीता को रावण के चंगुल से छुड़ाने में श्रीराम की मदद की; लेकिन उन्होंने यह काम बिना किसी स्वार्थ के किया। उन्होंने सीता को काम-वासना की नजर से कभी नहीं देखा। वे जीवन भर ब्रह्मचारी रहे। दूसरे शब्दों में, हनुमान ने कभी किसी भी चीज की इच्छा नहीं की। उनके इस संयम ने उन्हें पूज्य बना दिया। वे न केवल देवी के संरक्षक बने, बल्कि अपने कर्मों से देवता भी बन गए।

हिंदू पुराण इस तरह की कहानियों से भरे पड़े हैं, लेकिन कुछ भी निरपेक्ष नहीं है। जंगल खेत में बदल जाता है और फिर जंगल बन जाता है। दुलहन योद्धा बन जाती है। हंता माँ बन जाती है। उत्पीड़क संरक्षक बन जाता है। पशु देवता बन जाता है। आकृति 5.10 में मुख्य देवी के चारों ओर कई देवियों को दिखाया गया है। आकृति 5.7 में कुछ हिंस्र हैं, कुछ सौम्य हैं, कुछ स्नेहशील हैं, कुछ डरावनी हैं। इनमें से हर देवी मुख्य देवी का रूप हैं। यहाँ महान् विवेक की देवियाँ महाविद्याएँ हैं। विवेक हमें यह बताता है कि प्रकृति असंख्य है और कि भौतिक तत्त्व कई रूप ले सकता है; लेकिन सभी रूप हमारे नश्वर और सौंदर्य-बोध को आकर्षित नहीं कर सकते। आकृति 5.4 में देवी धन देनेवाली लक्ष्मी बन गई हैं, आकृति 5.5 में भयावह और भेदक दंतवाली भगवती बन गई हैं और आकृति 5.6 में प्रीतिकर कामाक्षी बन गई हैं। इस तरह धन शक्ति का सृजन करता है, शक्ति प्रेम बन सकती है, प्रभुत्व अनुरक्ति में परिवर्तित हो सकता है और हिंसा का स्थान सौम्यता ले सकती है।

तपस्वी की तरह बँधी जटाएँ
नृप का स्वर्ण मुकुट
ऊर्ध्वाकार तिलक
क्षैतिज तिलक
शंख, जिसे फेफड़े की ताकत दिखाने के लिए बजाया जाता है
वशीभूत करने के लिए फूल
रुद्राक्ष की माला, जो अंत:शक्ति दरशाती है
व्याघ्रचर्म, जो तपस्वी की जीवन-शैली दरशाता है
सिल्क समाज के अस्तित्व का प्रतीक है
बैल स्वायत्तता और पारिवारिक जीवन से विरक्ति का प्रतीक है
गरुड़ विहंगम दृष्टि का प्रतीक है

आकृति 5.11 हरिहर

और जब देवी अपना रूप बदलती हैं तो वे परिवर्तन के लिए प्रेरित करती हैं। सर्जक भंजक में परिवर्तित हो सकता है। भंजक रक्षक में बदल सकता है। जो हानि पहुँचाता है, वह संरक्षण कर सकता है। जो इच्छा करता है, वह संयम भी दिखा सकता है। उदासीन व्यक्ति सांसारिक बन सकता है। कभी-कभी कोई शिव बन सकता है। शिव चीजों को उसी रूप में रहने देते हैं, जैसीकि वे हैं। और कभी-कभी कोई विष्णु बन सकता है। विष्णु बेहतरी के लिए चीजों को बदल देते हैं।

शिव को 'हर' कहा जाता है और विष्णु को हरि। आकृति 5.11 में हरि-हर का रूप दिखाया गया है। हरिहर रूप शिव और विष्णु का मिला-जुला रूप है। शिव और विष्णु जीवन के प्रेक्षक हैं। शिव विभूति लगाते हैं और नियति को स्वीकार करते हैं। विष्णु चंदन का लेप लगाते हैं और इच्छाओं का दमन नहीं करते। शिव बीजों की माला और व्याघ्रचर्म पहनते हैं। जबकि विष्णु को पुष्प, सोना और सिल्क पसंद है। शिव का रूप यह बताता है कि समाज नाम की कोई चीज नहीं है। जीवन जैसा है, शिव उसे उसी रूप में स्वीकार करते हैं। वे उसपर नियंत्रण या उसमें बदलाव की कोशिश नहीं करते। विष्णु का रूप समाज और संस्कृति के अस्तित्व का प्रतीक है। वे जंगल को खेत और बगीचे में परिवर्तित कर देते हैं। देवी हमारे इर्दगिर्द की दुनिया हैं। देवी हमें प्रेरित करती हैं और हम हर या हरि के रूप में अपनी प्रतिक्रिया व्यक्त करते हैं। देवी हमारे भीतर इच्छा पैदा करती हैं। वे हम पर नियति थोपती हैं।

□

6. विष्णु का रहस्य

अनासक्त कर्म से व्यवस्था आती है

आकृति 6.1 गोमाता, भू--गाय

आकृति 6.1 में एक गाय दिखाई गई है, जिसे हिंदू धर्म में सबसे पवित्र पशु माना जाता है। गो-हत्या को हिंदू धर्म में सबसे बड़ा पाप कहा गया है। हिंदू धर्म में गाय का मांस खाना भी वर्जित है। गाय बहुत सीधी होती है। वह कुछ नहीं माँगती; लेकिन मनुष्य को देती है, जिससे दही, मक्खन, छाछ और मिठाई बनती है। उसके गोबर से खेत के लिए खाद और रसोईघर के लिए उपले बनाए जाते हैं। यही नहीं, उसका गोबर फर्श और दीवारों को लीपने में भी काम आता है। गाय के मरने पर उसके चमड़े का इस्तेमाल तरह-तरह की चीजें बनाने में किया जाता है। उसकी हड्डियों से कंघी व बटन आदि चीजें बनाई जाती हैं। इस तरह वह मनुष्य के आहार, कपड़े और बसेरे की जरूरत को पूरा करने में महत्त्वपूर्ण भूमिका निभाती है। गाय का कुदरती तौर पर आर्थिक महत्त्व भी था। गाय से घर को चलाया जा सकता था। गाय का उपहार जीवन का उपहार था। गोदान को सबसे बड़ा दान माना जाता था। गाय सांसारिक जीवन की सभी जरूरतें पूरी करती थी। हिंदुओं का मानना है कि स्वर्ग में रहनेवाले देवताओं के पास भी कामधेनु नाम की एक गाय है, जो हर इच्छा पूरी कर सकती है। सभी गायें कामधेनु की संतति हैं।

ऐसे में सवाल उठता है—गाय किसके लिए दूध देती है—अपने बछड़े के लिए या मनुष्य के लिए? मनुष्य उसका कितना दूध दुह सकता है और कितना उसके बछड़े के लिए छोड़ सकता है? इन सवालों ने पृथ्वी के साथ मनुष्य के संबंधों की तरफ ध्यान खींचा था। पृथ्वी सभी जानवरों के लिए अस्तित्व में आई या महज मानव जाति के लिए? सभी जीवित प्राणियों में केवल हमने अपने अस्तित्व के लिए पारिस्थितिकी तंत्र को नष्ट किया है। हमने जंगल को अपनी फसलों के लिए खेतों में बदल दिया, अपनी गायों के लिए चरागाह बना डाला, फार्मों की स्थापना की, नदियों की दिशा अपनी बस्तियों की तरफ मोड़ दी, धातुओं और रत्नों की खोज में पहाड़ों का विध्वंस कर डाला, पानी की खोज में धरती खोद डाली और धरती गाय की तरह चुपचाप सबकुछ सहती रही। ऐसे में सभी प्राणियों की पोषक गोमाता की धारणा का विकास हुआ। जीवन की महान् पोषक गोमाता का चित्रण आकृति 6.1 में किया गया है।

आकृति 6.2 गाय के साथ कृष्ण

भागवतपुराण में दी गई कहानी के अनुसार, पृथ्वी ने जब देखा कि मनुष्य उनका शोषण कर रहा है तो वे गाय का रूप धारण कर विष्णु के पास भाग गईं। विष्णु ने उनसे मनुष्य को क्षमा कर देने का अनुरोध किया। उन्होंने क्षमा कर दिया, लेकिन इस शर्त पर कि मनुष्य भविष्य में उनके साथ सम्मानजनक व्यवहार करेगा। विष्णु ने वादा किया कि मनुष्य वैसा ही करेगा। इसके बाद उन्होंने धरती के रक्षक की भूमिका अपना ली। वे गो-पाल यानी गोमाता के रखवाले बन गए। यही वजह है कि विष्णु को रक्षक और पोषक कहा जाता है। जैसाकि आकृति 6.2 में दिखाया गया है, विष्णु भी गाय का दूध पी रहे हैं। वे प्रकृति-प्रदत्त उपहार का आनंद उठा रहे हैं।

विष्णु की इस कथा के माध्यम से यह बताया गया है कि मानव समाज कृत्रिम तरीके से बना है। इसका निर्माण पृथ्वी को पालतू बनाकर अप्राकृतिक तरीके से हुआ है। विष्णु का सिद्धांत प्रकृति और संस्कृति के बीच सामंजस्य सुनिश्चित करता है। समाज प्रकृति की कीमत पर बना नहीं रह सकता, क्योंकि प्रकृति के नष्ट होने पर सबकुछ नष्ट हो जाता है; लेकिन प्रकृति में जिसके पास शक्ति होती है, उसी की चलती है। बलवान कमजोर पर शासन करता है। दूसरी तरफ, समाज और सामाजिक नियम इस प्रवृत्ति को उलट देते हैं—असहाय और कमजोर लोगों को प्रश्रय देते हैं। जंगलराज से जो जितना ही दूर होता है, वह धर्म का उतना ही अधिक पालन करता है।

गाय महज प्रकृति (बाह्य भौतिक सच्चाई) नहीं है; यह मनोभाव (आंतरिक भौतिक सच्चाई) भी है। हम शेर बनना चाहते हैं और अपने इर्द-गिर्द की दुनिया पर शासन करना चाहते हैं, लेकिन समाज हमें गाय बनने, दुधार बनकर मूल्य की रचना करने और वह दूध न केवल अपने बछड़े बल्कि दूसरों को भी देने के लिए बाध्य कर देता है। समाज नहीं चाहता कि हम शिव की तरह साँड़ बनें। समाज अपने नियम-कानून से हमारा बधियाकरण कर देता है और हमें साँड़ से बैल बना देता है, ताकि हम माँग और दायित्वों के बोझ से लदी गाड़ी को खींच सकें।

विष्णु जाग्रत् अवस्था में नारायण होते हैं। आकृति 6.3 में उनकी कल्पना

आकृति 6.3 गुरुवयुर, केरल में कृष्ण का रूप

दक्षिण भारत के एक मंदिर में स्थापित उनकी मूर्ति के रूप में की गई है। विष्णु आकृति 4.1 में दिखाए गए शिव से बिलकुल भिन्न हैं। शिव को जमे हुए पानी यानी बर्फ से जोड़ा जाता है; विष्णु को पानी के बरतन यानी समुद्र से जोड़ा जाता है। साँप शिव की गरदन के चारों ओर लिपटा रहता है, कुंडली मारे और फण निकाले हुए। दूसरी तरफ विष्णु कुंडली मारे, फण निकाले साँप पर विश्राम करते हैं। शिव लकड़ी के जलने से बनी विभूति लगाते हैं, जबकि विष्णु चंदन का लेप लगाते हैं। शिव व्याघ्रचर्म पहनते हैं; विष्णु सुंदर तरीके से बुना हुआ सिल्क धारण करते हैं। शिव रुद्राक्ष की माला पहनते हैं, विष्णु फूलों की माला पहनते हैं और स्वर्णाभूषणों तथा रत्नों से सजे रहते हैं। शिव के ललाट पर लगा पवित्र चिह्न क्षैतिज है, जो जड़ता का प्रतीक है। दूसरी तरफ विष्णु के ललाट पर लगा पवित्र चिह्न ऊर्ध्व है, जो गतिशीलता का प्रतीक है। शिव अपने नेत्र बंद किए हुए शांत बैठे रहते हैं। उनके चेहरे से निरभ्रता छलकती है। लेकिन विष्णु के नेत्र खुले रहते हैं। उनके होंठों पर मुसकराहट खिली होती है। वे विश्व में कदम रखने के लिए तैयार रहते हैं।

विष्णु अपने हाथ में चार चीजें लिये रहते हैं—शंख, जो उनकी उपस्थिति का प्रतीक है; चक्र, जो हमें यह याद दिलाता है कि जीवन लगातार चलता रहता है; गदा, जिससे वे उन लोगों का वध करते हैं, जो उनके नियम को तोड़ते हैं; और कमल, जिसका रंग, सुवास और मकरंद उन लोगों के लिए होता है जो उनके नियम का पालन करते हैं। विष्णु का नियम एक मूल्य प्रणाली से निकलता है, जिसे धर्म कहते हैं। धर्म से स्थायी समाज का निर्माण होता है। एक तरफ यह प्रकृति को पारिवारिक बनाता है और मनुष्य के भीतर के पशु पर अंकुश लगाता है तो दूसरी तरफ यह प्रकृति के विनाश की अनुमति नहीं देता और मनुष्य की मुख्य जरूरतों के प्रति संवेदनशील होता है।

आकृति 6.4 में विष्णु को लक्ष्मी के साथ कुंडली मारे शेषनाग पर बैठे दिखाया गया है, जबकि आकृति 6.5 में विष्णु और लक्ष्मी को गरुड़ पर उड़ते दिखाया गया है। लक्ष्मी धन और शक्ति की देवी हैं। वे सौभाग्यशाली बनाती हैं। विष्णु उनके पास कभी नहीं जाते, लेकिन लक्ष्मी उनके पास हमेशा आती हैं। वे

आकृति 6.4 शेषनाग की कुंडली पर

आकृति 6.5 गरुड़ के पंखों पर

आकृति 6.6 अलक्ष्मी के साथ लक्ष्मी

दोनों अवस्थाओं में, यानी विष्णु जब गतिशील होते हैं और जब गतिशील नहीं होते हैं, उनके साथ होती हैं। फण काढ़े हुए साँप उनकी स्थिरता और उड़ता हुआ गरुड़ उनकी गतिशीलता का प्रतीक है। दूसरे शब्दों में, एक स्थिर और संगठित समाज दौलत पैदा करता है। विष्णु किसान हैं और लक्ष्मी खेत। विष्णु नेता हैं, लक्ष्मी संगठन। एक का अस्तित्व दूसरे के बिना नहीं है।

आकृति 6.6 में देवी के चरण-कमल के पास एक उलूक को बैठा हुआ दिखाया गया है। इस उलूक को लक्ष्मी की बहन अलक्ष्मी कहा जाता है। अलक्ष्मी कलह की देवी हैं। लक्ष्मी की जब पूजा की जाती है तो उनकी बड़ी बहन अलक्ष्मी को भी याद किया जाता है। कारण—हम यह कभी नहीं भूलें कि धन के साथ कलह और लड़ाई भी आती है, जिसके लिए हम तैयार हैं।

लक्ष्मी विष्णु का अनुसरण करती हैं, क्योंकि विष्णु जंगलराज को बदलकर धर्म का पालन करते हैं। जंगलराज प्रभुता के कानून पर आधारित है। इसका अर्थ यह है कि जिंदा रहने के लिए या तो शक्ति की जरूरत होती है या फिर धूर्तता की। लेकिन समाज के बारे में माना जाता है कि वह प्रेम पर आधारित है, जहाँ लोग एक-दूसरे का ध्यान रखते हैं। जंगल में जानवर केवल अपने बारे में, अपने बच्चों के बारे में या अपने झुंड के बारे में सोचते हैं; लेकिन समाज में मनुष्य केवल अपने बारे में नहीं सोचता। वह पूरी मानवता, यहाँ तक कि पशुओं, पौधों और खनिजों का भी, ध्यान रखता है।

समय गुजरने के साथ समाज में परिवर्तन आता है, मूल्य बदलते हैं, पूर्णता से शुरू हुआ समाज अपूर्णता की तरफ बढ़ने लगता है, फिर ढह जाता है और फिर पूर्णता हासिल करता है। विष्णु का चक्र वस्तुओं की चक्रीय प्रकृति का प्रतीक है। शंख समय का गुजरना दरशाता है। शंख से गुजरनेवाली हवा धीरे-धीरे फैल जाती है, ध्वनि पैदा करती है और फिर अनंत शक्ति में लौट जाती है। दुनिया भी इसी लय से चलती है।

भौतिक विश्व बदल रहा है; लेकिन विष्णु के साथ यह बदलाव चक्रीय, लयात्मक, भविष्यसूचक बन जाता है। इस तरह विष्णु समय के परिवर्तन का संचालन करते हैं, उसे रोकते नहीं हैं। शिव देवी की तरफ से भले ही अपने नेत्र

आकृति 6.7 विष्णु के दस अवतार

बंद कर लें, लेकिन मुसकराते हुए विष्णु की आँखें पूरी तरह से खुली रहती हैं, क्योंकि वे माया को जानते हैं और उनके साथ नृत्य करते हैं।

विष्णु को माया का स्वामी कहा जाता है। माया का अर्थ है 'माप'। हम निरंतर भौतिक तत्त्व को मापते रहते हैं और फैसला करते हैं कि वह गलत है या सही? वह अच्छा है या बुरा? वह खर्चीला है या सस्ता? उत्तर माप के पैमाने पर निर्भर करता है। विष्णु माप के सभी पैमानों के स्रोत हैं, इसलिए वे फैसला करते हैं कि क्या सुंदर है और क्या नहीं, क्या उचित है और क्या नहीं। उनके पैमाने के अनुसार जो कुछ सही, शुभ और सुंदर है, उसे वे स्वीकार कर लेते हैं, बाकी को छोड़ देते हैं। विष्णु का पैमाना एक सिद्धांत पर आधारित है—दूसरों के प्रति प्रेम और करुणा। स्पष्ट है, विष्णु वर्चस्व और शक्ति पर आधारित जंगलराज के नैसर्गिक कानून के हिमायती नहीं हैं। विष्णु यह भी जानते हैं कि सारे मानक मनुष्य ने बनाए हैं, जो समय के साथ बदल सकते हैं। इसलिए सभी नियम लचीले हैं। सो, विष्णु जानते हैं कि संस्कृति और सभ्यता एक खेल यानी लीला की तरह है। खेल में आनंद तभी आता है जब हर कोई उसमें भागीदारी करने के साथ-साथ नियमों का पालन करे। जब नियमों को तोड़ा-मरोड़ा जाता है और हमारे मन में वर्चस्व की इच्छा पैदा हो जाती है तो खेल अप्रिय हो जाता है। जब हमारे लिए केवल जीत मायने रखने लगती है तो हम दैत्य, असुर और राक्षस में बदल जाते हैं। दैत्यों, असुरों और राक्षसों को केवल जंगलराज भाता है।

विष्णु धर्म में विश्वास करते हैं और पृथ्वी पर अवतार लेकर इतिहास एवं भूगोल की माँग के अनुसार कानून स्थापित करते हैं। आकृति 6.7 में उनके सभी अवतारों को दिखाया गया है।

इनमें से पहला अवतार (आकृति 6.8) मत्स्य रूप है। इस अवतार में विश्व के प्रथम पुरुष मनु छोटी मछली को बड़ी मछली से बचाते हैं और उसे समुद्र से निकालकर एक पात्र में रख देते हैं। करुणा के इस कर्म से समाज की रचना होती है। पात्र मानव समाज का प्रतीक है, जिसे आकृति 6.6 में लक्ष्मी के हाथ में दिखाया गया है। मछली धीरे-धीरे बड़ी होने लगती है। मनु उसे छोटे बरतन से निकालकर बड़े बरतन में, फिर कुंड में, फिर झील में, फिर नदी में

आकृति 6.8 मत्स्य अवतार

आकृति 6.9 कूर्म अवतार

आकृति 6.10 वराह अवतार

आकृति 6.11 नृसिंह अवतार

आकृति 6.12 वामन अवतार

और अंततः समुद्र में डाल देते हैं। मछली इतनी बड़ी हो जाती है कि समुद्र भी उसके लिए छोटा पड़ने लगता है। एक दिन मूसलधार बारिश होती है और समुद्र बड़ा हो जाता है; लेकिन उस बारिश के पानी में पृथ्वी डूब जाती है और मछली के रक्षक मनु एक बार फिर अपनी दुनिया का विनाश होते देखते हैं। ऐसा क्यों हो रहा है? क्योंकि मछली आकार में बड़ी होती जाती है और मनु उसकी मदद करते रहते हैं। मनु यह कभी महसूस नहीं करते हैं कि अब मछली को अपनी रक्षा स्वयं करने के लिए अकेले छोड़ देने का समय आ गया है। इस तरह, जब करुणा का भाव जगता है तो सभ्यता का जन्म भी होता है और जब करुणा की अति हो जाती है तो सभ्यता का विनाश शुरू हो जाता है। इसलिए यह जानना जरूरी है कि कब करुणा दिखानी चाहिए और कब नहीं। मछली अंततः मनु की रक्षा करती है और उन्हें मानव समाज का यह बहुमूल्य सबक सिखाती है।

विष्णु फिर कूर्म या कच्छप अवतार लेते हैं, जैसाकि आकृति 6.9 में दिखाया गया है। वे कच्छप की पीठ पर एक टेकुरी रखे हुए हैं, जिसका इस्तेमाल देव और असुर क्षीरसागर का मंथन करने और लक्ष्मी को बाहर निकालने में करते हैं। तब विष्णु मोहिनी का रूप धारण कर लेते हैं और असुरों को अपनी तरफ आकर्षित करते हैं। असुर मोहिनी के पीछे इतना पागल हो जाते हैं कि समुद्र से निकला सारा खजाना देवताओं के पास चला जाता है। इस पर असुर देवों के शाश्वत दुश्मन बन जाते हैं। वे पृथ्वी को खींचकर समुद्र के भीतर ले जाते हैं; लेकिन विष्णु वराह का रूप धारण कर पृथ्वी को बचा लेते हैं। आकृति 6.10 में विष्णु का वराह रूप दिखाया गया है।

मंथन में क्षीरसागर से निकले अमृत को पीकर देव अमर हो जाते हैं, लेकिन असुरों के अमर होने की इच्छा पूरी नहीं होती है। वे ब्रह्मा से विभिन्न तरह के वरदान माँगते हैं, लेकिन हर बार विष्णु असुरों की कोशिश को विफल कर देते हैं। आकृति 6.11 में विष्णु को एक असुर हिरण्यकशिपु का वध करते हुए दिखाया गया है। उस असुर ने वरदान प्राप्त कर लिया था कि उसे कोई मनुष्य या पशु नहीं मार सकता, लेकिन विष्णु ने उसका वध एक ऐसे प्राणी का रूप धारण कर किया, जिसकी वह कल्पना तक नहीं कर सकता था। वह प्राणी

आकृति 6.13 परशुराम अवतार

आकृति 6.14 राम अवतार

आकृति 6.15 बलराम अवतार

आकृति 6.16 कृष्ण अवतार

आकृति 6.17 कल्कि अवतार

न तो मनुष्य था और न ही पशु, या वह शायद मनुष्य और पशु दोनों था। यह कहानी अध्याय 2 (नारायण का रहस्य) में विस्तार से कही गई है। उस अध्याय की आकृति 2.8 और 2.9 में नृसिंह के हिंस्र और सौम्य दोनों रूप दिखाए गए हैं।

असुर, जो पृथ्वी के नीचे रहते हैं, शिव से संजीवनी विद्या प्राप्त करते हैं। इस विद्या से वे मृतकों को जीवित करते हैं। इस तरह वे अमृत से अमरत्व प्राप्त करनेवाले देवों के समकक्ष हो जाते हैं। तब विष्णु, जैसाकि आकृति 6.12 में दिखाया गया है, एक ब्राह्मण बालक या वामन का रूप धारण करते हैं और देवों के लिए पृथ्वी व आकाश प्राप्त कर असुरों को पृथ्वी के नीचे ढकेल देते हैं। हालाँकि दोनों समान रूप से ताकतवर हैं, लेकिन विष्णु उन्हें अलग-अलग क्षेत्र में सीमित कर देते हैं। असुर पृथ्वी के नीचे रहते हैं और उसकी संपदा यानी खनिज और पौधों में बढ़ोतरी करते हैं। दूसरी तरफ, देव पृथ्वी के ऊपर रहते हैं और मनुष्य जाति के लिए खनिजों व फसलों को जमीन के नीचे से बाहर लाते हैं। इस तरह देवों और असुरों के टकराव से संपत्ति का सृजन होता है। वे ब्रह्मांड के बल और प्रतिबल हैं। विष्णु की महिमा के कारण वे संसार की रचना और उसका मंथन करते हैं। इस तरह विष्णु ने धर्म के माध्यम से जिस संगठन या सभ्यता की स्थापना की है, बल और टकराव उसके महत्त्वपूर्ण अवयव हैं।

आकृति 6.13 में विष्णु ब्राह्मण का रूप छोड़कर कुल्हाड़ी उठा लेते हैं और योद्धा बन जाते हैं। इस रूप में वे उन राजाओं का वध करते हैं, जो समाज की सेवा की बजाय उसके शोषण में लिप्त रहते हैं। विष्णु का यह रूप परशुराम अवतार कहलाता है। परशुराम का अर्थ है—कुल्हाड़ी के साथ राम। परशुराम उन राजाओं के खिलाफ उठ खड़े हुए थे, जो अपनी ताकत का इस्तेमाल पृथ्वी के संसाधनों को लूटने में कर रहे थे। उन्होंने अपने पिता की गायें चुरानेवाले एक राजा का वध कर डाला। यहाँ तक कि उन्होंने पर-पुरुष की ओर आकर्षित होनेवाली अपनी माँ की भी हत्या कर दी। यह कहानी हमें काम इच्छा और भौतिक इच्छा की खतरनाक शक्ति के बारे में बताती है। यदि इन इच्छाओं पर विवाह और संपत्ति के नियमों के माध्यम से अंकुश न लगाया जाए तो वे सभ्यता

आकृति 6.18 राम का दरबार

को नष्ट कर सकती हैं।

आकृति 6.14 में विष्णु को श्रीराम के अवतार के रूप में दिखाया गया है। श्रीराम को मर्यादा पुरुषोत्तम कहा जाता है, क्योंकि उन्होंने धर्म के लिए अपने निजी सुखों को त्याग दिया था। विष्णु को आकृति 6.15 में बलराम और आकृति 6.16 में कृष्ण के रूप में दिखाया गया है। बलराम और कृष्ण दोनों भाई थे। बलराम संसार को त्यागकर सारे नियमों को तोड़ देते हैं। कृष्ण संसार की गतिविधियों में भाग लेते हुए नियमों को लचीला बनाते हैं। कई पोस्टर आर्ट में बलराम की तुलना प्राय: बुद्ध से की गई है। शिव की तरह बलराम और बुद्ध भी तपस्वी के आदर्शों पर चलते हुए समाज का त्याग कर देते हैं। वे या तो नियमों की जकड़न से परेशान थे या फिर उन्होंने यह महसूस कर लिया था कि नियमों की कृत्रिम प्रकृति विवादों और कष्टों को जन्म देती है। दूसरी ओर राम और कृष्ण दुनिया की गतिविधियों में शामिल थे। धर्म की रक्षा के लिए राम नियमों का पालन करते थे और कृष्ण नियमों को बदलते थे। आकृति 6.17 में विष्णु के अंतिम अवतार कल्कि को दिखाया गया है। कल्कि अपने हाथ में तलवार लहराते हुए घोड़े पर सवार हैं। वे पूरी तरह से भ्रष्ट हो चुके समाज को, जो जंगल से भिन्न नहीं है, नष्ट कर देंगे। इस तरह अवतारों का चक्र आकृति 6.8 में दिखाई गई मीन से फिर शुरू हो जाएगा।

सभी अवतारों में श्रीराम सबसे अधिक पूजनीय माने जाते हैं (देखें आकृति 6.18)। यह भगवान् का एकमात्र रूप है, जिसे राजा के रूप में पूजा जाता है। राजत्व या नेतृत्व समाज में शायद सबसे कठिन भूमिका है। राजा ही प्रकृति से संस्कृति, जंगल के कानून से संस्कृति की संहिता, मत्स्य न्याय से धर्म (मानव न्याय) की तरफ बढ़ने में नेतृत्व करता है। यह फैसला करने का अधिकार केवल राजा के पास है कि कौन गलत है और कौन सही, कौन अच्छा है और कौन खराब, किसे जीवित रहना चाहिए और किसे मरना चाहिए। उनके बाईं तरफ देवी सौम्य और शांत पत्नी के रूप में बैठी हैं। राम के सान्निध्य में वे सुरक्षित और सहज हैं। हनुमान उनके पैरों के पास बैठे हैं। इसका अर्थ यह है कि राम शक्ति या चालाकी से वर्चस्व की पाशविक प्रवृत्ति पर अंकुश रखते हैं।

आकृति 6.19 सीता-हरण

उन्हें विभिन्न भगवानों का आशीर्वाद प्राप्त है। उनके इर्द-गिर्द उनके भाई हैं, जो उनकी सेवा करते हैं।

'रामायण' में कही गई राम की कहानी ऐसे भाइयों की कहानी है, जो आदर्श समाज की रचना की दिशा में काम करते हैं। यह समाज उस समय छिन्न-भिन्न हो जाता है जब राम की महत्त्वाकांक्षी चचेरी माँ उन्हें चौदह साल के वनवास पर भिजवा देती है और अपने पुत्र भरत को छल से राजगद्दी पर बैठा देती है। राम अपने पिता की इच्छा को शिरोधार्य करते हुए वनवास पर चले जाते हैं, लेकिन राम के अनुज भरत अपनी माँ की इच्छा के विपरीत राजगद्दी पर बैठने से इनकार कर देते हैं। वह वन से राम के लौटने और राजगद्दी पर उनके बैठने का इंतजार करते हैं। राम के वनवास के दौरान रावण उनकी पत्नी सीता का अपहरण कर लेता है (आकृति 6.19)। रावण अपने भाई कुबेर को, जो यक्षों के राजा थे, लंका से भगाकर वहाँ का राजा बन बैठा था। हालाँकि रावण का पालन-पोषण ब्राह्मण की तरह हुआ था, लेकिन वह जानवरों जैसा बरताव करता था। वह अपनी ताकत से दूसरों की संपत्ति और दूसरों की पत्नियों पर जबरदस्ती अधिकार जमा लेता था। रावण कानून में नहीं, ताकत में विश्वास करता था। राम उसके ठीक विपरीत थे। वे वानरों, भालुओं की सेना खड़ी करते हैं और सीता को रावण के चंगुल से छुड़ाते हैं। ये जानवर राम के संसर्ग में आकर आदमी से अधिक नेक प्राणी बन जाते हैं। वे अपने लिए नहीं, राम के लिए लड़ते हैं। इस तरह का काम केवल मनुष्य ही कर सकता है, बशर्ते वह करना चाहे।

श्रीराम ऐसे युग में पैदा हुए थे, जब रावण जैसे मनुष्य सभ्य आचरण में विश्वास नहीं करते थे। दूसरी तरफ, कृष्ण ऐसे युग में पैदा हुए थे जब कंस और दुर्योधन ने सभ्यता के आचरण के नियमों को तोड़-मरोड़ दिया था, ताकि धर्म केवल दिखावा बना रहे। आकृति 6.20 में कृष्ण के रूप में विष्णु के जीवन की विभिन्न घटनाओं को दिखाया गया है। 'भागवतपुराण' में इन्हीं घटनाओं की कहानी कही गई है। इन कहानियों में मानव भावों का सुंदर तरीके से चित्रण किया गया है और स्वार्थहीन भक्ति पर जोर दिया गया है। यदि राम धर्म और

आकृति 6.20 कृष्ण का बचपन

समुचित आचरण में विश्वास करते थे तो कृष्ण प्रेम और करुणा में। यदि राम अनुशासन और विवेक पर जोर देते थे तो कृष्ण प्रेम और हृदय पर।

राम राजा हैं, लेकिन कृष्ण राजा नहीं हैं। कृष्ण का जब जन्म हुआ तो उन्हें अपने मामा के कोप से बचाने के लिए किसी तरह ग्वालों के गाँव ले जाया गया। वहाँ उनका पालन-पोषण किसी ग्वाले की तरह ही हुआ। आकृति 6.2 में कृष्ण को यशोदा के साथ शिशु रूप में दिखाया गया है। यशोदा उनकी पालक माँ हैं, जन्म देनेवाली माँ नहीं; लेकिन इससे उनके प्रेम में कोई अंतर नहीं पड़ा। इससे स्पष्ट है कि बंधन केवल खून का नहीं होता। इस आकृति को दो तरह से देखा जा सकता है। पहला यह कि मनुष्य को पृथ्वी के साथ बच्चों जैसा बरताव करना चाहिए और दूसरा, मनुष्य को अपनी आत्मा के साथ माँ जैसा बरताव करना चाहिए। इस तरह भौतिक जगत् और आध्यात्मिक जगत् से जुड़ने के लिए भाव का रास्ता तैयार होता है।

आकृति 6.21 में आत्मा प्रेयसी बन जाती है और प्रेमी उसकी आराधना करता है। यह आकृति हमें यह बताती है कि हिंदू तत्त्व-मीमांसा कितनी विभाजित है। इसमें कृष्ण को अपनी प्रेयसी राधा के साथ दिखाया गया है। राधा की अवधारणा 'गीत-गोविंद' से लोकप्रिय हुई। 'गीत-गोविंद' की रचना कवि जयदेव ने बारहवीं सदी में की थी। इसमें कृष्ण और उनकी प्रेयसी की क्रीड़ाओं का अंतरंग चित्रण किया गया है। इस रचना से पहले कृष्ण किसी एक विशेष ग्वालिन से नहीं, बल्कि कई ग्वालिनों से जुड़े हुए थे। कृष्ण के मिथकीय परिदृश्य में राधा को शामिल कर भारत के कवियों और ऋषियों ने देवत्व की एक ऐसी परिभाषा दी, जो कुछ को मान्य थी और कुछ को नहीं।

वेदों ने जब देवत्व के रहस्यों से परदा हटाया तो विद्वानों ने इसे प्रकटन वेदांत कहा। कुछ के अनुसार वेदांत ने यह रहस्योद्घाटन किया कि सभी मनुष्य अपने भीतर ईश्वर को खोज सकते हैं और उसके साथ एकाकार होकर परमानंद प्राप्त कर सकते हैं; लेकिन ईश्वर के साथ एकाकार होने के लिए उन्हें अपने सभी पूर्वग्रहों को छोड़ना होगा। ईश्वर के साथ एकाकार होने को अद्वैत कहा गया। अन्य लोगों के अनुसार, वेदांत ने यह रहस्योद्घाटन किया कि ईश्वर और

आकृति 6.21 राधा के साथ कृष्ण

मनुष्य अलग-अलग हैं और परमेश्वर के सामने समर्पण करने से ही परमानंद की प्राप्ति होती है। इसे द्वैत कहा गया। अद्वैत परंपरा में गोपियाँ भक्त हैं, जो यह महसूस नहीं करतीं कि वे सर्वोच्च गोपाल के साथ एकाकार हो गई हैं। इसलिए वे उनके इर्द-गिर्द तब तक नृत्य करती हैं जब तक कि उन्हें इसका आभास नहीं होता और सारे विभाजन ढह नहीं जाते। द्वैत परंपरा में भक्तगण कृष्ण और राधा के सेवक हैं। कृष्ण पुरुष हैं तो राधा प्रकृति। वे शाश्वत आलिंगनबद्ध रहते हैं। अद्वैत परंपरा में कृष्ण अंततोगत्वा अदृश्य हो जाते हैं। गोपियों को केवल उनकी बाँसुरी की आवाज सुनाई पड़ती है। यह ईश्वर के रूपाकार होने और निराकार रूप में सामने आने का प्रतीक है। द्वैत परंपरा में कृष्ण और राधा हमेशा गोलोक में रहते हैं। गोलोक को सर्वोत्तम स्वर्ग माना जाता है। सभी भक्त अंततः इस स्वर्ग में जाना चाहते हैं और कृष्ण-राधा की दैवी जोड़ी की सेवा करना चाहते हैं।

धर्मग्रंथों में कहा गया है कि कृष्ण जीवन भर ग्वालों के गाँव में नहीं रहे। अंततः उन्हें अपनी राधा को अलविदा कहना पड़ता है, मधुवन को छोड़ना पड़ता है और अपने दुष्ट व अत्याचारी मामा कंस का वध करने के लिए मथुरा लौटना पड़ता है। कंस का श्वसुर जरासंध प्रतिशोध में मथुरा नगर को जला देता है। इसके परिणामस्वरूप कृष्ण और मथुरा के निवासी ग्वाले नगर छोड़कर दूर द्वारका में नया आवास बनाते हैं। कृष्ण कई राजकुमारियों से विवाह करते हैं। उनमें से एक रुक्मिणी भी हैं, जो आकृति 6.22 में कृष्ण की बगल में खड़ी हैं।

इस तरह, आकृति 6.21 में राधा के साथ दिखाए गए कृष्ण आकृति 6.22 में रुक्मिणी के साथ दिखाए कृष्ण से बहुत भिन्न हैं। आकृति 6.21 के कृष्ण प्रेमी हैं और आकृति 6.22 के कृष्ण पति हैं। पहलेवाले कृष्ण बाँसुरी बजाते हैं और दूसरे वाले कृष्ण शंख फूँकते हैं। पहलेवाले कृष्ण गाँव में रहते हैं, गाय चराते हैं, बाँसुरी बजाते हैं और गोपियों के साथ नृत्य करते हैं। जबकि दूसरेवाले कृष्ण नगर में रहते हैं और पिता तथा राजनेता के रूप में अपनी जिम्मेदारी निभाते हैं। पहलेवाले कृष्ण की कहानी भागवतपुराण में मिलती है, जबकि दूसरेवाले कृष्ण की कहानी महाभारत में मिलती है, जिसकी विषय-वस्तु शक्ति है।

आकृति 6.22 के इर्दगिर्द महाराष्ट्र के संत ज्ञानेश्वर की कहानी घूमती है।

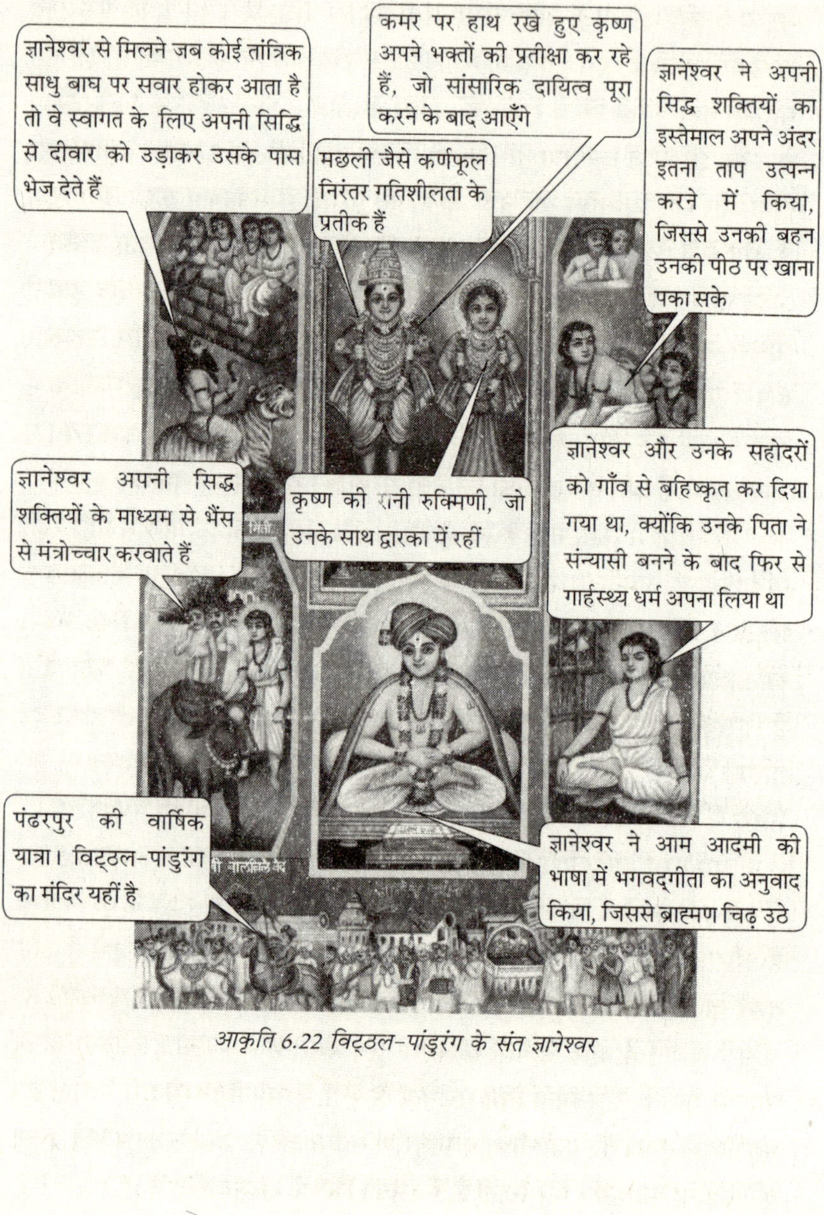

आकृति 6.22 विट्ठल-पांडुरंग के संत ज्ञानेश्वर

महाराष्ट्र में कृष्ण की पूजा रुक्मिणी के साथ की जाती है। वहाँ कृष्ण को पांडुरंग और रुक्मिणी को रखुमाई कहते हैं। ज्ञानेश्वर के पिता संन्यासी बन गए थे; लेकिन उनके आध्यात्मिक गुरु ने यह कहते हुए उन्हें उनकी पत्नी के पास भेज दिया कि व्यक्ति को अपनी सांसारिक जिम्मेदारियों से नहीं भागना चाहिए। चूँकि संन्यास लेने के बाद ज्ञानेश्वर के पिता पुन: सांसारिक बन गए, इसलिए गाँव के बुजुर्गों ने उनकी भर्त्सना की। ज्ञानेश्वर के पिता, उनकी पत्नी और उनके चार बच्चों को गाँव से बहिष्कृत कर दिया गया। कई बार मिन्नत करने के बाद गाँववालों ने चारों बच्चों को इस शर्त पर गाँव लौटने की अनुमति दे दी कि उनके माता-पिता आत्महत्या कर पश्चात्ताप करेंगे। बच्चों की खातिर ज्ञानेश्वर के माता-पिता ने आत्महत्या कर ली। इसके बावजूद गाँववालों ने अनाथ बच्चों को गाँव में घुसने की अनुमति नहीं दी। बहिष्कृत के रूप में अनाथ बच्चों को अपनी देखभाल स्वयं करने के लिए छोड़ दिया गया। सो, वे ऋषियों के साथ रहने लगे। ऋषियों के साथ रहने और उनसे ज्ञान प्राप्त करने के कारण ज्ञानेश्वर महान् संत व सिद्ध पुरुष बन गए। उन्हें जादुई शक्तियाँ मिल गईं। वे इतनी ऊष्मा पैदा कर सकते थे कि उनकी बहन उनके शरीर पर खाना बना सकती थी। यही नहीं, वे भैंस से वैदिक मंत्रोच्चार करवा सकते थे और मुलाकात के लिए बाघ पर सवार होकर आनेवाले दूसरे सिद्ध पुरुष के पास दीवार को उड़ाकर भेज सकते थे।

सिद्ध पुरुष नाथ के रूप में भी जाने जाते थे। वे रहस्य विद्या के विशेषज्ञ थे और गाँव-गाँव जाकर चमत्कार दिखाते थे। वे समाज में नहीं रहते थे। वे योगी थे। योगी उसे कहते हैं, जो साधु होने के साथ-साथ जादूगर भी होता है। उनकी शक्तियों के कारण लोग उनसे डरते थे और उनके प्रति श्रद्धा रखते थे।

आकृति 6.23 में नौ नाथों को दिखाया गया है। ज्ञानेश्वर और उनके भाई पर इन नाथों का बहुत प्रभाव था। ये नौ नाथ आदि नाथ (आकृति 6.24) की पूजा करते थे। आदि नाथ को शिव और विष्णु दोनों समझा जाता था।

शिव और विष्णु दो विपरीत विचारधाराओं के प्रतीक हैं। शिव जीवन के प्रति तांत्रिक रवैया अपनाते हैं, जबकि विष्णु वैदिक। शिव भौतिक तत्त्वों को शक्ति के रूप में देखते हैं और सांसारिक जीवन से दूर रहते हैं। इन भौतिक

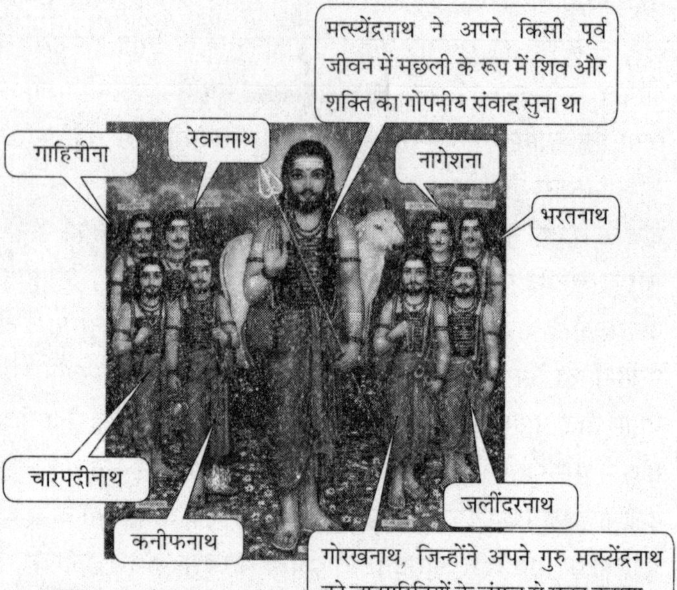

आकृति 6.23 नौ–नाथ

आकृति 6.24 आदिनाथ दत्तात्रेय

तत्त्वों को इंद्रियों पर नियंत्रण और ब्रह्मचर्य के जरिए प्रभावित किया जा सकता है। दूसरी ओर विष्णु सांसारिक जीवन में विश्वास करते हैं। वे सांसारिक जीवन को माया के रूप में देखते हैं और तपश्चर्या के जरिए मन को अनुशासित करते हैं, ताकि मन माया में न बह जाए। तांत्रिक सिद्धांत धर्म के सिद्धांत को नकार देते हैं, लेकिन वैदिक सिद्धांत धर्म के सिद्धांत को नकारते नहीं। तांत्रिक सिद्धांत मुख्यधारा में नहीं आते। उनका पालन योगी और सामाजिक नियमों को नकारनेवाले नर या नारी करते हैं। विष्णु के सिद्धांत अधिक सामाजिक हैं, जो परिवारों तथा समाज के मुख्यधारा के लोगों के उपयुक्त हैं। तांत्रिक सिद्धांत संवेदी शक्तियों से जुड़ा हुआ है। इसमें चटख रंगों, मादक पदार्थों, मांस और सेक्स पर कोई रोक नहीं है। दूसरी तरफ वैदिक सिद्धांत ध्यान, मौन और चिंतन से संबद्ध है। योग दोनों सिद्धांतों के बीच संतुलन स्थापित करता है।

मध्यकालीन भारत में लोकप्रिय नौ नाथों में सबसे प्रसिद्ध मत्स्येंद्रनाथ और उनके शिष्य गोरखनाथ थे। मत्स्येंद्रनाथ का नाम मत्स्य से निकला है, जबकि गोरखनाथ के नाम का स्रोत गोरख या गोरक्षक है। मत्स्येंद्रनाथ के नाम से ऐसा लगता है कि वे सिद्धांत के तांत्रिक पक्ष पर जोर देते थे (उल्लेखनीय है कि मछली जंगल कानून, पाशविक यौनाचार, अशांत भौतिक संसार और आमिष भोजन का प्रतीक है)। दूसरी तरफ, गोरखनाथ सिद्धांत के वैदिक पक्ष से अधिक जुड़े थे (गाय सांस्कृतिक कानून, सभ्य यौनाचार, मर्यादित भौतिक संसार और निरामिष भोजन की प्रतीक है)। मत्स्येंद्रनाथ और गोरखनाथ दोनों ही आदिनाथ या दत्तात्रेय को अपना नाथ मानते थे; लेकिन मत्स्येंद्रनाथ की सहानुभूति योगियों और रहस्यवादियों के प्रति अधिक थी। दूसरी तरफ, गोरखनाथ की सहानुभूति परिवारों के प्रति अधिक थी। ज्ञानेश्वर गोरखनाथ से अधिक प्रभावित थे, जबकि उनके बड़े भाई मत्स्येंद्रनाथ से अधिक प्रभावित थे। यही कारण है कि ज्ञानेश्वर अपनी जादुई शक्तियों के लिए नहीं, बल्कि स्थानीय लोगों की भाषा में 'भागवद्गीता' के अनुवाद के लिए जाने जाते हैं। भगवद्गीता से लोगों को भौतिक संसार में रहते हुए आध्यात्मिक बने रहने में मदद मिली।

आकृति 6.25 में कृष्ण अर्जुन को 'गीता' सुना रहे हैं। भूमि को लेकर जब

आकृति 6.25 अर्जुन को 'गीता' का उपदेश कृष्ण

आकृति 6.26 कृष्ण के साथ रणक्षेत्र में जाते अर्जुन

कौरवों और पांडवों के बीच महाभारत की लड़ाई छिड़ती है तो कृष्ण के भाई बलराम उसमें भाग लेने से इनकार कर देते हैं; लेकिन कृष्ण अर्जुन के सारथि बनते हैं और उन्हें युद्ध में जीत दिलाते हैं। लेकिन युद्ध शुरू होने से ठीक पहले अर्जुन विचलित हो जाते हैं और कृष्ण से कहते हैं कि ऐसी लड़ाई लड़ने का कोई लाभ नहीं है, जिसमें परिवार के सदस्य और मित्र मारे जाएँ। इस अवसर पर कृष्ण अर्जुन से जो कुछ कहते हैं वह 'गीता' में संगृहीत है। 'गीता' में बताया गया है कि भौतिक संसार में रहते हुए व्यक्ति को अपने धर्म का पालन करना चाहिए। कृष्ण अर्जुन के सामने स्पष्ट करते हैं कि संसार अनित्य है। यहाँ हर चीज परिवर्तनशील है। संसार बदलता रहता है और शरीर मृत्यु को प्राप्त होता है, लेकिन आत्मा अमर है। जीवन का उद्देश्य इस आत्मा को प्राप्त करना है और इसे प्राप्त करने का एकमात्र रास्ता जीवन जीना है। मनुष्य आत्मा से जितना दूर होता जाता है, उसका बरताव उतना ही पाशविक होता जाता है। वह शक्ति और वर्चस्व हासिल करने की कोशिश करता है, जैसा कि अर्जुन के चचेरे भाई कौरवों ने किया। यदि मनुष्य आत्मा का ज्ञान प्राप्त करना चाहता है तो पाशविक व्यवहार बंद करना होगा। उसे विश्व पर वर्चस्व स्थापित करने की इच्छा से मुक्ति पानी होगी। दूसरे शब्दों में, उसे कौरवों का नाश करना होगा। जब कौरवों का नाश क्रोध या प्रतिशोध से नहीं, बल्कि समाज के प्रति अपनी जिम्मेदारी की भावना से किया जाएगा, तभी आत्मा की प्राप्ति होगी। कहने का अर्थ यह है कि व्यक्ति को अपनी इच्छाओं और मन पर काबू रखना चाहिए, निर्लिप्त भाव से अपने दायित्व का निर्वाह करना चाहिए, फल की इच्छा किए बिना कर्म करना चाहिए और आत्मा में विश्वास रखना चाहिए।

भगवद्‌गीता का सार कौरवों को मारना नहीं है, बल्कि उस इच्छा का नाश करना है जो टकराव पैदा करती है। टकराव उस समय पैदा होता है, जब मनुष्य प्रेम की बजाय ताकत से सबकुछ हासिल करने की कोशिश करता है। अगर अर्जुन लड़ना नहीं चाहते हैं तो इसका अर्थ यह नहीं है कि वे दुनिया का कल्याण चाहते हैं। वे इसलिए नहीं लड़ना चाहते हैं, क्योंकि उन्हें अपने शत्रु और अपनी स्वयं की छवि का भय है। कृष्ण अर्जुन को संसार की सही प्रकृति यानी आत्मा

आकृति 6.27 अपने शस्त्रों के साथ विष्णु-कृष्ण

और भौतिक तत्त्व का एहसास कराते हैं। वे अर्जुन को बताते हैं कि धर्म के जरिए समाज की रचना किस तरह होती है और विश्व के निर्माण के लिए धर्म किस तरह बनते हैं। ये कानून शक्तिशाली लोगों को अत्याचार करने से रोकते हैं। यदि कमजोर लोगों के शोषण के लिए धर्म का दुरुपयोग किया जाता है तो चारों तरफ जंगलराज फैल जाएगा। यह अधर्म है और यदि मनुष्य को मानव जाति से प्रेम है तो उसे अधर्म के खिलाफ खड़ा होना ही चाहिए। उसे धर्म की स्थापना के लिए लड़ना चाहिए।

विष्णु ठीक यही करते हैं। वे जंगल के कानून को खत्म करने और धर्म की स्थापना के लिए समय-समय पर पृथ्वी पर अवतार लेते हैं। शिव के विपरीत, वे देवी की तरफ अपने नेत्र बंद नहीं करेंगे। वे अपनी आँखें खोलेंगे, उनके रूपांतरण का अवलोकन करेंगे और मुसकराते हुए उनके साथ क्रीड़ा करेंगे। आकृति 6.27 में विष्णु-कृष्ण को शस्त्रों से सुसज्जित दिखाया गया है। ये उनके शस्त्रास्त्र हैं, जिनसे वे व्यवस्था स्थापित करते हैं। वे धर्म की स्थापना और उसे पुन:परिभाषित करेंगे, ताकि हर युग में शांति, स्थायित्व और समृद्धि आए।

□

7. ब्रह्मा का रहस्य

मानव जीवन एक सुअवसर है

आकृति 7.1 विष्णु की नाभि से

शिव, विष्णु और तीनों देवियों के बारे में काफी कुछ कहा गया है; लेकिन ब्रह्मा के बारे में? दूसरे देवताओं के साथ उनकी इक्की-दुक्की मूर्तियाँ ही मिलती हैं, जैसा कि आकृति 7.1 में दिखाया गया है। इसके अलावा ब्रह्मा के बारे में कुछ नहीं मिलता। ब्रह्मा को लेकर न कोई त्योहार है, न कोई पूजा-पाठ है और न ही कोई प्रार्थना है। ऐसा क्यों?

इसे समझने के लिए हमें स्वयं से दो प्रश्न करने चाहिए—हम स्रष्टा को इतनी स्वीकृति क्यों देना चाहते हैं? पुराणों में स्रष्टा को पालक या संहारक के बराबर दर्जा क्यों नहीं दिया गया है?

जब हम 'स्रष्टा' शब्द बोलते हैं तो हमारे सामने संदर्भ के रूप में 'बाइबिल' आ जाती है। हम यह मान लेते हैं कि यदि बाइबिल में स्रष्टा है तो वह हिंदू धर्मग्रंथों में भी होगा; लेकिन हिंदू जगत् में सृजन किसी उद्देश्य के लिए होता है और ब्रह्मा उस उद्देश्य को भूल जाते हैं, इसीलिए उन्हें पूजा के योग्य नहीं समझा गया।

वेदों में ऋषियों ने इस प्रश्न पर गहन चिंतन किया है कि आखिर दुनिया का अस्तित्व क्यों है? काफी सोच-विचार के बाद उन्होंने निष्कर्ष निकाला कि हम अपने को समझ सकें, इसलिए दुनिया का अस्तित्व है। उपनिषदों में इस बारे में विस्तार से बताया गया है। उपनिषदों में कहा गया है कि खुद को, यानी आदिम युगीन प्राणी को, जिसे पुरुष के रूप में जाना जाता है, समझने के लिए स्वयं का दो भागों में विभाजन कर देना चाहिए। इस तरह 'अन्य' का सृजन होता है। इस अन्य का अस्तित्व 'स्वयं' को समझने के लिए होता है। पुराणों में इस अमूर्त विचार को ब्रह्मा की कहानी के जरिए अभिव्यक्त किया गया है। उनकी कहानी को पढ़ते हुए अर्द्धनारी के रहस्य (अध्याय 3) को ध्यान में रखना चाहिए कि देव और देवी लैंगिक रूप से निरपेक्ष विचारों के प्रतीक हैं। पुरुष रूप (ब्रह्मा) स्वयं का, प्रेक्षक का, अपने भीतर के आध्यात्मिक तत्त्व का प्रतीक है। दूसरी तरफ नारी रूप (शतरूपा) अन्य का, पर्यवेक्षण का, भौतिक तत्त्व का प्रतीक है।

ब्रह्मा ने सृष्टि की रचना इसलिए की, ताकि वे अपने को समझ सकें।

आकृति 7.2 देवी

आकृति 7.3 देवी के शक्तिशाली संरक्षक भैरव

सृष्टि नारी थी, इसलिए रिश्ते में वह ब्रह्मा की बेटी हुई; लेकिन उससे कुछ सीखने की बजाय ब्रह्मा उसके रूप से सम्मोहित हो गए। सृष्टि जब अपने पिता के सम्मान में उनकी प्रदक्षिणा करने लगी तो ब्रह्मा ने अपने चार सिर कर लिये, ताकि वे देख सकें कि वह कहाँ है। इस पर सृष्टि ने गाय का रूप धारण कर लिया। ब्रह्मा भी तुरंत साँड़ बन गए। सृष्टि ने जब हंसिनी का रूप धारण कर लिया तो ब्रह्मा हंस बन गए। दूसरे शब्दों में, ब्रह्मा अपना होशो-हवास खो बैठे। वे इतने आसक्त थे कि सृष्टि को किसी भी तरह अपने वश में करना चाहते थे। उन्होंने यह महसूस नहीं किया कि सृष्टि भौतिक सच्चाई है, जो हमेशा चंचल रहती है। वह शतरूपा थी, यानी उसके असंख्य रूप थे। वह भौतिक तत्त्व यानी प्रकृति थी। वह ऊर्जा यानी शक्ति थी। वह जीवन की महान् मरीचिका यानी माया थी।

कोई व्यक्ति ब्रह्मा जैसे भगवान् की पूजा कैसे कर सकता है, जो अपने को जानने की बजाय अब भी भौतिक दुनिया का पीछा कर रहे हैं? ब्रह्मा कौन हैं? क्या आप हैं? क्या मैं हूँ? क्या वह व्यक्ति है, जो अपने जीवन पर नियंत्रण करने की कोशिश कर रहा है? या ब्रह्मा वह राक्षस हैं, जिसे देवी ने अपने पैरों से कुचल दिया है (आकृति 7.2)। इस सवाल का जवाब स्पष्ट रूप से कहीं नहीं मिलता।

हाँ, यह उल्लेख अवश्य मिलता है कि शिव ने ब्रह्मा के पाँचवें सिर को काट दिया और उसका इस्तेमाल पानी पीने के कटोरे के रूप में किया। शिव इस तरह कापालिक बन गए। शिव भैरव हैं, जो ब्रह्मा की काम-वासना का विरोध करते हैं। वे किसी शिशु की तरह अबोध हैं, जैसाकि आकृति 7.1 में दिखाया गया है। वे किसी किशोर की तरह मासूम हैं, जैसाकि आकृति 7.3 में दिखाया गया है। वे देवी के खतरनाक अभिभावक भैरव हैं। उनके हाथ में ब्रह्मा का पाँचवाँ सिर है। पाँचवाँ सिर अहंकार का प्रतीक है। अहंकार मन का वह हिस्सा होता है, जो भौतिक दुनिया पर नियंत्रण करने की कोशिश करता है। शिव सबकुछ हैं, लेकिन ब्रह्मा नहीं। ब्रह्मा के सृजन को शिव नष्ट कर देते हैं। ब्रह्मा काम यानी वासना का सृजन करते हैं; ब्रह्मा यम यानी मृत्यु का सृजन करते हैं;

आकृति 7.4 ज्ञान की देवी सरस्वती

ब्रह्मा कर्म का सृजन करते हैं, जो पुनर्जन्म के चक्र को घुमाता रहता है; ब्रह्मा अहंकार का सृजन करते हैं; ब्रह्मा तीनों लोकों—निजी, सार्वजनिक और शेष—का सृजन करते हैं। ये सब चीजें ब्रह्मा को पूजा योग्य नहीं बनातीं।

जीवन का उद्देश्य अहंकार को महसूस करना और उसपर नियंत्रण पाना है। अहंकार को या तो शिव की तरह नष्ट कर दीजिए या फिर विष्णु की तरह उससे अनासक्त हो जाइए; लेकिन यह तभी संभव है, जब हम जीवन से सीखें। जब तक मनुष्य इसे महसूस नहीं करता है, वह तमाम जन्मों से गुजरता है। यही वजह है कि ब्रह्मा की पत्नी सरस्वती हैं। सरस्वती ज्ञान की देवी हैं, जिन्हें आकृति 7.4 में दिखाया गया है। सफेद परिधान पहने और हाथों में पुस्तक व वीणा लिये हुए यह देवी न तो शरीर को पोषित करती है और न ही मनोभाव जगाती है। लक्ष्मी की उपस्थिति से व्यक्ति संपन्न और ताकतवर हो सकता है, दुर्गा की उपस्थिति से व्यक्ति के मन में भय या प्रेम पैदा हो सकता है, लेकिन सरस्वती की उपस्थिति प्रशांति लाती है। वे दुनिया की प्रज्ञा हैं और जब इस प्रज्ञा का इस्तेमाल किया जाता है, वह विवेक बन जाती है। कभी-कभी उन्हें हंस या सारस के साथ दिखाया जाता है; लेकिन वे ज्यादातर हंस के साथ ही होती हैं। हंस के बारे में कहा जाता है कि उसमें नीर से क्षीर को अलग करने की शक्ति होती है। इस तरह हंस बुद्धि की विवेचक शक्ति का प्रतीक है। सरस्वती को मोर के साथ भी दिखाया जाता है; लेकिन मोर अपनी सुंदरता दिखाने के लिए अपने पंख नहीं फैलाता। इसका तात्पर्य यह है कि किसी भी विषय की सही समझ विनम्रता की ओर ले जाती है। जितना ही आप सीखेंगे उतना ही आप पाएँगे कि सीखने के लिए अभी कितना कुछ है। अनिश्चितता आपको अधिक-से-अधिक खोज के लिए प्रेरित करती है।

यही चीज मानव जीवन को विशिष्ट बना देती है। मनुष्य को अस्तित्व के बारे में चिंतन करने और उसके अर्थ के बारे में सोचने की शक्ति दी गई है। यह चिंतन आत्मखोज की ओर ले जाता है। चूँकि मनुष्य को मानस या बुद्धि की शक्ति दी गई है, जो अपने इर्द-गिर्द की दुनिया का विश्लेषण और मूल्यांकन करती है, इसलिए मनुष्य को मानव कहा गया है।

यलि, हाथी के सिरवाला शेर
समझदार और चतुर बुध
रचनात्मक शुक्र
भावुक चंद्र
BUDH
SUKRH
CHANDRA
तार्किक बृहस्पति
चमकदार सूर्य
आक्रामक मंगल
GURU
SURYA
MANGAL
KETHU
SANEE
RAHU
चंचल केतु
विलंबकारी शनि
ग्रहणकारी राहु

आकृति 7.5 नौ ग्रह

हिंदुओं का मानना है कि मानव जीवन 84 लाख योनियों में भ्रमण करने के बाद ही मिलता है। चूँकि आत्मा कई जीवनकाल से गुजरती है, इसलिए वह मृत्यु के समय अपने लिए कई रूपों की कल्पना करती है। जीवन और मृत्यु के बीच शरीर विभिन्न तरह के कार्य करता है। हर कार्य के परिणाम भी होते हैं। आत्मा अपने शरीर की क्रियाओं से उत्पन्न प्रतिक्रियाओं को अनुभव करने के लिए बाध्य है। यह कर्म है। यही कारण है कि कर्म उन सभी चीजों का निर्धारण करता है जिन पर हमारा नियंत्रण नहीं होता। स्पष्ट है, अपने शरीर, अपने माता-पिता और अपने जीवन की परिस्थितियों पर हमारा कोई नियंत्रण नहीं होता।

लेकिन मनुष्य का मानस, जिस पर ब्रह्मा के पाँचवें सिर का प्रभाव होता है, यह महसूस नहीं करता कि शरीर द्वारा अनुभव की जानेवाली घटनाओं की सृष्टि खुद उसी ने की है। अहंकारी व्यक्ति को पिछले सभी जीवन के कर्म याद नहीं रहते। वह अपने इर्द-गिर्द की दुनिया के स्रष्टा के रूप में जिम्मेदारी लेने से इनकार कर देता है। दूसरे शब्दों में, उसके भीतर के ब्रह्मा यह मानने से इनकार कर देते हैं कि इर्द-गिर्द की दुनिया यानी देवी उनकी स्वयं की बेटी है। सो, अहंकारी व्यक्ति दुनिया पर नियंत्रण करने के लिए उसका पीछा करता है। वह सोचता है कि दुनिया पर नियंत्रण के जरिए वह अपने अस्तित्व को उचित ठहरा सकेगा। फिर उसका ध्यान अपने भीतर की आत्मा से हटकर बाहर के विश्व पर केंद्रित हो जाता है। ऐसे में जीवन का उद्देश्य भौतिक सुख बन जाता है, न कि आध्यात्मिक सुख। सो, सारे कृत्यों और कर्मकांडों के जरिए भौतिक जगत् को खुशनुमा बनाने की कोशिश की जाती है। मनुष्य दुनिया को उसके वास्तविक रूप में स्वीकार करने, अपने भीतर के ईश्वर को खोजने की कोशिश कभी नहीं करता।

हिंदुओं का मानना है कि कर्म नौ ग्रहों (आकृति 7.5) से निर्धारित होता है। ये ग्रह काल को नियंत्रित करते हैं। हालाँकि नौ ग्रह देवता हैं, लेकिन वे अपनी इच्छानुसार काम नहीं कर सकते। हमारे भाग्य में जो कुछ लिखा होता है, उसके अनुसार वे एक विशेष समय में एक विशेष अवधि के लिए हमारे जीवन को प्रभावित करते हैं।

आकृति 7.6 वास्तु पुरुष

वैदिक काल में ऋषियों ने ज्योतिषशास्त्र की रचना की। इस शास्त्र के जरिए व्यक्ति अपने जीवन में ग्रहों की सापेक्ष स्थिति की गणना कर सकते हैं; लेकिन यह गणना जन्म के स्थान और समय के अनुसार होती है। इस गणना के जरिए हम भावी आपदा के लिए तैयार हो सकते हैं या धन-दौलत की उम्मीद कर सकते हैं।

लेकिन यदि ज्योतिषशास्त्र हमारे भाग्य के बारे में ऐसी बातें बताता है, जो हमें पसंद नहीं हैं, तब क्या होगा? इसके लिए ऋषियों ने उपाय सुझाए हैं। रत्नों, मंत्रों और धार्मिक कृत्यों के जरिए हम अपने जीवन में किसी विशेष ग्रह के प्रभाव को घटा-बढ़ा सकते हैं। इस तरह हम भविष्य को प्रभावित कर सकते हैं; लेकिन केवल भाग्य के भरोसे बैठने से कुछ नहीं होता, कर्म भी करना पड़ता है।

जीवन को प्रभावित करने का दूसरा उपाय वास्तुशास्त्र है। पृथ्वी प्राकृतिक रूप से गोल है, लेकिन मनुष्य का घर उस वृत्त से घिरा हुआ वर्गाकार होता है। मानव के इस वर्गाकार घर को वास्तु पुरुष कहते हैं। वर्गाकार घर को छोटे आकार में विभाजित किया जा सकता है। घर की हर दिशा पर एक देवता का, जिसे दिक्पाल कहते हैं, नियंत्रण होता है। दीवारों, खिड़कियों और दरवाजों के स्थान को बदलकर देवताओं की ऊर्जा को इस तरह स्थानांतरित किया जा सकता है, जिससे घर में दौलत आए। इससे स्पष्ट है कि व्यक्ति अपनी इच्छा से धार्मिक अनुष्ठान के जरिए भाग्य में लिखी चीजों को बदल सकता है।

आकृति 7.6 में वास्तु-पुरुष को दिखाया गया है। वास्तु-पुरुष राक्षस था जिसने पृथ्वी से उड़ने और आकाश को अवरुद्ध करने की कोशिश की थी; लेकिन विभिन्न देवताओं ने उसे पृथ्वी पर जकड़ दिया। हर देवता अपनी दिशा का शासक है, जहाँ वह उस राक्षस को अभी भी जकड़े हुए है। उत्तर दिशा खजाने के देवता कुबेर द्वारा शासित है; दक्षिण दिशा मृत्यु के देवता यम द्वारा शासित है; पूर्व दिशा वर्षा के देवता इंद्र द्वारा शासित है; पश्चिम दिशा समुद्र के देवता वरुण द्वारा शासित है; उत्तर-पूर्व दिशा सोम यानी चंद्रमा द्वारा शासित है; दक्षिण-पश्चिम दिशा सूर्य द्वारा शासित है; उत्तर-पश्चिम दिशा वायु द्वारा शासित है और दक्षिण-पूर्व दिशा अग्नि द्वारा शासित है। विपरीत दिशाएँ एक-

नाग खजाने और गुह्य ज्ञान के रक्षक हैं
नागमणि कोई भी इच्छा पूरी कर सकता है
दीमकों का पर्वत पाताल लोक में ले जाता है, जहाँ पुनर्यौवन का रहस्य छिपा है

आकृति 7.7 नाग

दूसरे की पूरक हैं। इस तरह ब्रह्मांड में संतुलन स्थापित होता है। नाभि या मध्य में ब्रह्मा हैं। इसका तात्पर्य यह है कि व्यक्ति अपनी दुनिया के केंद्र में स्वयं है।

स्थान और समय के दोष को वास्तुशास्त्र और ज्योतिषशास्त्र के जरिए दूर किया जाता है, ताकि परिवार धन-धान्य से परिपूर्ण और खुश रहे। ग्रहों और दिक्पालों की पूजा व प्रार्थना के लिए प्रबुद्धता और आध्यात्मिकता की जरूरत नहीं पड़ती।

भौतिक संपत्ति अधोलोक से आती है। पौधे जमीन के भीतर से उगते हैं, खनिज जमीन के भीतर से आता है, पानी जमीन के भीतर से आता है। इसलिए, हिंदू धर्म में जमीन के भीतर रहनेवाले प्राणियों को बहुत श्रद्धा के साथ देखा जाता है। हिंदू नागों को विशेष महत्त्व देते हैं। वे नाग खासतौर पर पूजनीय माने जाते हैं, जो दीमकों वाले पहाड़ पर रहते हैं। इन नागों को अधोलोक का द्वार माना जाता है। अधोलोक में प्रकृति की उर्वरता की गूढ़ शक्ति छिपी हुई है। कहा जाता है कि नाग भोगवती नामक नगर में रहते हैं, जो सोने और रत्नों से बना है। यह भी माना जाता है कि ये नाग उस घास से गुजरे हैं, जहाँ अमृत रखा हुआ था। यही कारण है कि उनमें अपनी पुरानी केंचुल को छोड़ने और नई केंचुल को विकसित करने की क्षमता होती है। इस तरह नाग नवीकरण और पुनरुज्जीवन के प्रतीक हैं।

आकृति 7.7 में एक विशिष्ट नाग दिखाया गया है। इस तरह के नागों के बारे में कहा जाता है कि उनके फण पर एक मणि होती है। इस नागमणि में इतनी शक्ति होती है कि वह किसी भी सपने को साकार कर सकती है या किसी भी इच्छा को पूरी कर सकती है। इसलिए, हर व्यक्ति नागमणि पाने की कामना करता है। दरअसल, नागमणि पाने की इच्छा धन पाने की इच्छा से पैदा होती है। हिंदू इस बात को नहीं मानते कि उनकी किस्मत में धन नहीं है। वे इस बात में विश्वास करते हैं कि उनकी किस्मत में जो नहीं है, उसे नागों की पूजा से हासिल किया जा सकता है।

आकृति 7.8 में यक्षों को दिखाया गया है। नाग जहाँ जमीन के अंदर रहते हैं, वहीं यक्ष उत्तर में हिमालय के पास स्थित अलकापुरी में निवास करते हैं।

फलित ज्योतिष के नौ-ग्रह, जो आकाश में अपनी स्थिति से भाग्य को प्रभावित करते हैं
लक्ष्मी को कुबेर की बहन कहा जाता है
कुबेर उत्तर में स्थित अलकापुरी के शासक हैं
कुबेर की पत्नी निधि खजाने की देवी हैं
गोल-मटोल यक्ष खजाने के रक्षक हैं
कुबेर का नेवला रत्न उगलता है
अश्व शुक्र का प्रतीक है। शुक्र लक्ष्मी के रक्षक असुरों के गुरु हैं
लक्ष्मी जल देवता वरुण की पुत्री हैं। वरुण का प्रतीक मछली है

आकृति 7.8 कुबेर

इसलिए, उनके पास सभी तरह की निधियाँ संचित हैं। जहाँ नाग पौधों और बच्चों जैसे जैव धन से संबद्ध हैं, वहीं यक्ष धातुओं और रत्नों से संबद्ध हैं। नागिनें और यक्षिणियाँ खतरनाक सम्मोहक मानी जाती हैं। यक्ष आमतौर पर मोटे, ठिंगने और भोंड़े होते हैं। उनके राजा को कुबेर कहते हैं। कहा जाता है कि कुबेर का दक्षिण में श्रीलंका नामक नगर था; लेकिन उनके भाई रावण ने, जो राक्षसों का राजा था, उन्हें दक्षिण से उत्तर भगा दिया। कुबेर देवताओं के कोषपाल हैं। उनके पास एक पालतू नेवला है, जो साँपों का दुश्मन है। इससे यह संकेत मिलता है कि नाग और यक्ष एक-दूसरे के दुश्मन हैं। नाग धन पैदा करते हैं और यक्ष उसे अपने पास जमा कर लेते हैं।

ज्योतिषशास्त्र, वास्तुशास्त्र और नागों तथा यक्षों की पूजा का उद्‌देश्य स्थान और समय के दिक्‌पालों को खुश करना और धन के प्रवाह को एक विशेष दिशा में मोड़ना है। इन दोनों विज्ञान का मानना है कि मनुष्य अपनी नियति पर नियंत्रण कर सकता है और भाग्य को बदल सकता है; लेकिन विश्व को नियंत्रित करनेवाली एक अन्य शक्ति पर आधारित दूसरे धार्मिक अनुष्ठान भी हैं। इस शक्ति को इच्छा कहते हैं। इच्छा के कारण ही ब्रह्मा ने देवी का पीछा किया। अपनी इच्छा से उन्होंने अपना रूप बदला। इस तरह मनुष्य अपनी इच्छा-शक्ति से दुनिया को बदल सकता है। बेहतर जीवन के लिए इस इच्छा की पूर्ति कई तरह के अनुष्ठानों के जरिए की जाती है। इन अनुष्ठानों को व्रत कहते हैं।

आकृति 7.9 में सत्यनारायण व्रत और आकृति 7.10 में संतोषी माँ का व्रत दिखाया गया है। सत्यनारायण व्रत किसी भी दिन किया जा सकता है; लेकिन यह व्रत केवल शादीशुदा जोड़े ही कर सकते हैं। संतोषी माँ का व्रत केवल शुक्रवार को किया जा सकता है। यह व्रत केवल महिलाएँ कर सकती हैं। सत्यनारायण का व्रत परिवार में सुख-शांति, अच्छे भाग्य और स्वास्थ्य के लिए किया जाता है। संतोषी माँ का व्रत महिलाओं द्वारा दुर्भाग्य के अंत, शादी और मातृत्व के लिए किया जाता है। सत्यनारायण व्रत में पुजारी की जरूरत पड़ती है, जबकि संतोषी माँ व्रत महिलाएँ स्वयं कर सकती हैं। सत्यनारायण को विष्णु के

आकृति 7.9 सत्यनारायण व्रत

आकृति 7.10 संतोषी माँ का व्रत

रूप में देखा जाता है, जबकि संतोषी माँ शक्ति का रूप मानी जाती हैं। दिलचस्प बात यह है कि अगमा जैसे परंपरागत धर्मग्रंथों में सत्यनारायण और संतोषी माँ का उल्लेख नहीं मिलता। अगमा में मंदिर के धार्मिक अनुष्ठान बताए गए हैं। सत्यनारायण व्रत और संतोषी माँ व्रत पारिवारिक अनुष्ठान हैं, जिन्हें परिवार के सदस्य घरेलू समस्याओं से छुटकारा पाने के लिए करते हैं। सत्यनारायण व्रत में विष्णु के एक हजार नामों का उच्चारण किया जाता है और हर नाम के उच्चारण के साथ उन्हें एक तुलसी दल चढ़ाया जाता है। इस निरंतर उद्गार के माध्यम से ईश्वर का आह्वान किया जाता है कि वह दंपती की सभी इच्छाएँ पूरी करे। संतोषी-व्रत में महिलाएँ हर शुक्रवार को केवल एक बार खाना खाती हैं। वे उस दिन देवी को चना व गुड़ चढ़ाती हैं और सभी खट्टी चीजों से दूर रहती हैं। इस व्रत के जरिए महिलाएँ दुर्भाग्य को सौभाग्य में बदल देने के लिए संतोषी माँ का आह्वान करती हैं।

इन दोनों व्रतों में कथाएँ कही जाती हैं। सत्यनारायण व्रत में सौदागरों की कहानी है। ये सौदागर अपने देवताओं को छोड़ देने पर दुर्भाग्य से घिर जाते हैं; लेकिन जब वे फिर अपने देवताओं की पूजा करते हैं तो उनका दुर्भाग्य दूर हो जाता है। ये अनुष्ठान बहुत आसान हैं। लोग उपवास, कथाओं, गीतों, रात्रि-जागरण, मंदिरों के दर्शन और पवित्र सरोवरों व नदियों में स्नान के जरिए अपनी इच्छा व्यक्त करते हैं। भाग्य को बदलने के लिए देवी-देवताओं से वरदान और आशीर्वाद माँगना अच्छी बात मानी जाती है।

हिंदू धर्म में सामान्य जन के धार्मिक अनुष्ठान जीवन के भौतिक सुख के लिए होते हैं; लेकिन धर्मग्रंथों में कहा गया है कि भौतिक चीजों को जीवन का लक्ष्य नहीं, बल्कि साधन मानना चाहिए। भौतिक दुनिया से केवल दुःख मिलता है, क्योंकि उसकी प्रकृति ही ऐसी है। उसमें निरंतर परिवर्तन होता रहता है। त्रासदियाँ हमें जीवन के सही उद्देश्य, ब्रह्मा के मूल उद्देश्य की तरफ ले जाती हैं, ताकि हम स्वयं को समझ सकें। कई सिर निकलने से पहले ब्रह्मा का भी यही उद्देश्य था—स्वयं को समझना।

आकृति 7.11 में विष्णु एक मगर के जबड़ों से गजराज को छुड़ा रहे हैं।

आकृति 7.11 विष्णु गजराज की रक्षा करते हुए

गजराज मनुष्य है, जो भौतिक दुनिया से सम्मोहित है। वह भ्रम में है कि जीवन का उद्देश्य नाम, प्रसिद्धि, शक्ति और धन-दौलत कमाना है। इसलिए, वह कमल के सरोवर में क्रीड़ा करनेवाले हाथी की तरह व्यवहार करता है और मगर के मुँह में फँस जाता है। यहाँ मगर कष्टों व दुःखों का प्रतीक है। जब मनुष्य भौतिक दुनिया में इस तरह के सुखों की कामना करता है, तभी उसे दुःख-तकलीफों का सामना करना पड़ता है। वह कुंठा, अशक्तता, क्रोध और पश्चात्ताप से भर जाता है। कष्टों और दुःखों से छुटकारा पाने के लिए मनुष्य को अपने बल पर भरोसा नहीं करना चाहिए। उसे उस शक्ति की शरण में जाना चाहिए, जो अहंकार से बड़ी है। इस शक्ति को ईश्वर, अंतरात्मा कहते हैं। आकृति 7.11 में यह शक्ति विष्णु के रूप में दिखाई गई है।

इस तरह, सभी मानवों के सामने एक विकल्प है—या तो वे अपनी पाशविक प्रवृत्ति के सामने समर्पण कर दें या फिर उसपर विजय प्राप्त कर लें। हमारे भीतर का जानवर इर्द-गिर्द की दुनिया पर प्रभुत्व कायम करना चाहता है, अपनी ताकत एवं धूर्तता का इस्तेमाल सिर्फ जीवित रहने के लिए करता है; लेकिन वह हमारे भीतर के शून्य को कभी नहीं भरता। दूसरी तरफ हम अपनी पाशविक प्रवृत्ति पर जीत हासिल कर अपने भीतर के ईश्वर को पाते हैं, प्रेम के जरिए इर्द-गिर्द की दुनिया को समझते हैं और उससे जुड़ते हैं। इससे हमें पारलौकिक सुख मिलता है। इस विचार को आकृति 7.12 में सर्वोत्तम तरीके से दरशाया गया है। हनुमान वानर होने के बावजूद देव और ईश्वर के रूप में पूजे जाते हैं।

हनुमान को संकटमोचन कहते हैं। लोग उन्हें इस उम्मीद में पूजते हैं कि जिस तरह उन्होंने राम की समस्याओं को दूर किया, उसी तरह वे उनके जीवन के संकटों को दूर करेंगे। हनुमान ऐसे देवता हैं, जो उन्नति में बाधक कहे जानेवाले शनि को वश में कर सकते हैं। वे चीजों को अदृश्य करनेवाले राहु को भी ग्रस सकते हैं।

बंदर चंचल और जिज्ञासु स्वभाव का प्रतीक है, लेकिन हनुमान का मन केवल प्रभु श्रीराम में लगा रहता है, क्योंकि राम उनके हृदय में वास करते हैं।

बंदर चंचल प्रवृत्ति का प्रतीक है
पर्वत उठाकर ले जाने की हनुमान की क्षमता इस बात का संकेत है कि दिमाग की अंतर्निहित शक्ति से किसी भी समस्या पर काबू पाया जा सकता है
हनुमान के हृदय में राम का वास उनकी पूर्ण भक्ति को दरशाता है
हनुमान का कटि-वस्त्र अनुशासन का प्रतीक है

आकृति 7.12 हनुमान

भगवान् में इतनी आस्था रखने के कारण ही हनुमान बलशाली हैं। इसी शक्ति के बूते हनुमान दुर्भाग्य को दूर करते हैं। इसी शक्ति के बूते वे अपनी स्वतंत्र इच्छा का इस्तेमाल भौतिक दुनिया को बदलने में नहीं, बल्कि उसके साथ बने रहने में करते हैं। हालाँकि हनुमान वन्य जीव हैं, लेकिन वे मनुष्यों से अधिक समझदार और सौम्य हैं। वे निस्स्वार्थ भाव से सबकी मदद करते हैं। उन्हें सत्ता या किसी चीज की लालसा नहीं है। वे भगवान् की भक्ति से ही संतुष्ट हैं। इस भक्ति के कारण ही वे मानवता से प्रेम करते हैं। हनुमान को ब्रह्मचारी कहा जाता है। इसका अर्थ यह है कि वे ब्रह्मा के विपरीत हैं। हनुमान वासना में देवी का पीछा नहीं करते। उनकी कोई इच्छा नहीं है और वे अपनी नियति को स्वीकार करते हैं। वे राम और सीता के चरणों में पड़े रहते हैं, जैसाकि आकृति 6.18 में दिखाया गया है। वे प्रभु और देवी—जो आध्यात्मिक और भौतिक दुनिया के प्रतीक हैं—की सेवा में खुश हैं।

यदि एक बंदर भगवान् बन सकता है तो आदमी क्यों नहीं? आदमी भी भगवान् बन सकता है। इसलिए अपूजनीय ब्रह्मा के लिए अब भी उम्मीद है।

□□□

धर्म-संस्कृति की महत्त्वपूर्ण पुस्तकें

धर्म-संस्कृति की महत्त्वपूर्ण पुस्तकें

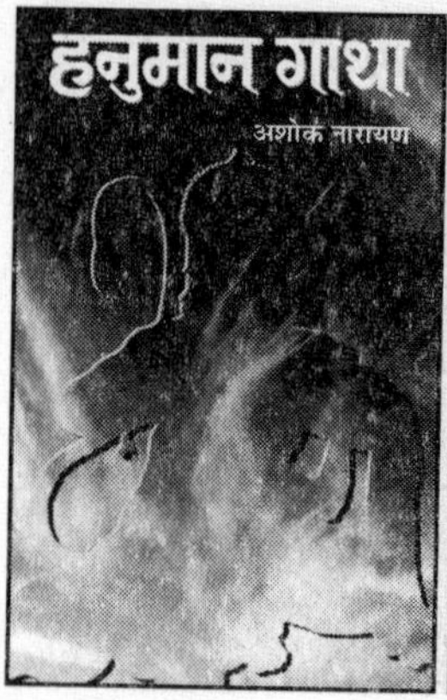

धर्म-संस्कृति की महत्त्वपूर्ण पुस्तकें

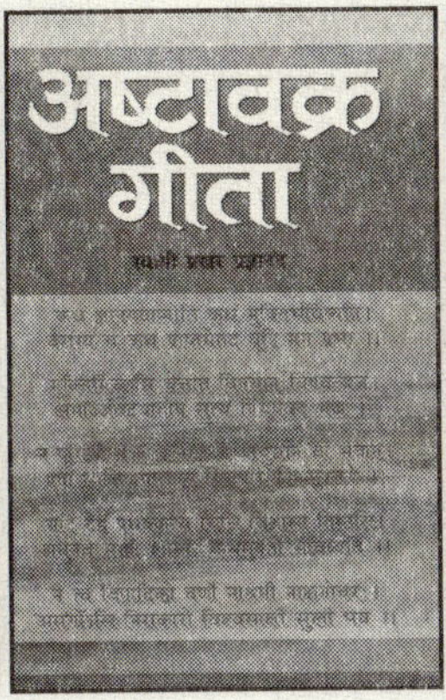

धर्म-संस्कृति की महत्त्वपूर्ण पुस्तकें